AI와 인권

AI문고

인공지능 시대입니다. 기계가 인간의 인지를 대신하고, 사물이 인간을 통하지 않고 다른 사물과 직접 커뮤니케이션합니다. 이에 따른 인간 삶과 문명 변화를 정확히 이해·예측·대응하는 것은 이 시대 우리 모두의 과제입니다. AI문고는 인공지능 기술과 환경의 여러 주제를 10가지 키워드로 정리합니다. 관련 개념과 이론, 학계와 산업계의 쟁점, 우리 일상의 변화를 다룹니다. 인간과 기술의 현재, 미래를 세심히 분석합니다.

일러두기

- 인명, 작품명, 저서명, 개념어 등은 한글과 함께 괄호 안에 해당 국가의 원어를 병기했습니다.
- 외래어 표기는 현행 어문규정의 외래어표기법을 따랐습니다.

처음이세요?

전문가세요?

AI와 인권

송시섭

대한민국, 서울, 커뮤니케이션북스, 2025

AI와 인권

지은이 송시섭
펴낸이 박영률

초판 1쇄 펴낸날 2025년 7월 15일

커뮤니케이션북스(주)
출판 등록 2007년 8월 17일 제313-2007-000166호
02880 서울시 성북구 성북로 5-11
전화(02) 7474 001, 팩스(02) 736 5047
commbooks@commbooks.com
www.commbooks.com

ISBN 979-11-7307-689-3 03500

책값은 뒤표지에 표시되어 있습니다.

차례

AI와 인권의 만남 xi

01 AI 시대의 인권 1

02 AI와 기본권: 인간의 존엄, 평등권 11

03 AI와 시민 인권: 자기 정보 결정권, 저작권 23

04 AI와 여성 인권 35

05 AI와 노동자 인권 45

06 AI와 장애인 인권 57

07 AI 윤리 대 AI 법률 69

08 보장 규범을 향한 국제적 기획 81

09 보장 규범을 위한 국내의 노력 99

10 인권 시대의 AI 111

AI와 인권의 만남

AI가 생활의 다양한 영역에서 활용됨에 따라 인간의 삶은 획기적인 변화를 겪고 있다. 하지만 AI 기술이 인간 활동 속으로 그 영향력을 확대하면 할수록 이전에는 생각지 못한 편익이 증대하는 한편, 일상생활을 평범하게 살아가는 사람들의 인권을 침해할 가능성도 급격히 증가하고 있다.

AI의 등장, 놀라움과 두려움

1950년대 'AI(Artificial Intelligence)'라는 용어가 처음 등장한 이래 여러 차례의 부침(浮沈)을 겪었던 AI 개발 기술은 2000년대 '딥러닝(Deep Learning)'을 통해 화려화게 부활하였다(김진형, 2020).

AI의 개념은 기술 개발의 단계에 따라 여러 가지로 정의될 수 있지만, 다소 추상적이긴 하나 '인간의 지적 능력을 기계로 구현하는 기술'이라는 점에는 일정한 공감대가 존재하는 것으로 보인다. AI라는 존재가 우리에게 알려진 것은 역시 2016년 봄, '이세돌 기사와 알파고

(AlphaGo) 간의 바둑 대국'이었다. 당시 대부분의 기사(棋士)들은 이세돌의 승리를 예상했으나, 결과는 전혀 달랐다. 전 세계에서 무수하게 치러진 16만 판의 기보(棋譜)를 학습한 알파고 앞에서 이세돌의 '당황'한 기색은 오히려 보는 이들을 더욱 '당황'스럽게 하였다(김대식, 2016).

AI는 '생각'하는가?

생각은 인간 고유의 사고 작용이라고 알려져 왔다. 굳이 파스칼의 '인간은 생각하는 갈대(L'homme n'est qu'un roseau le plus faible de la nature)'라거나 데카르트의 '나는 생각한다. 고로 존재한다(Cogito, ergo sum)'를 소환하기 전이라도, 인간에게 생각이라는 고유한 무기가 있다는 생각은 오래전부터 다툼이 없는 사실이었다.

그리고 철학자들이나 심리학자들의 전유물이었던 '생각'이라는 영역에 신경과학자들이 도전장을 내밀기 시작했다. 그중 대표적으로 1972년에 면역체계 연구로 노벨 생리학 · 의학상을 수상한 생물학자 제럴드 에델먼(Gerald M. Edelman, 1929~2014)은 '마음은 물질의 특별한 배열에 따른, 특별한 종류의 절차'라고 정의했다. 여기서 '마음'을 '생각'으로 바꾸면 '생각은 배열과 절차'

라는 것으로 이해된다(물론 뇌 연구를 통한 마음 탐구에 근본적인 한계를 지적하는 견해도 있다. 김재인, 2017). 이러한 관점은 신경생물학에서 '뇌의 구조와 신경 시냅스(synapse)' 간의 '연결구조'를 발견한 것과 일맥상통하는 것이다.

이러한 인식을 예리하게 파고 든 사람들이 바로 인간의 뇌 안에 있는 1015개나 되는 시냅스, 즉 신경세포들의 '연결고리'를 연구하기 시작한 뇌과학자들이다. 그리고 이들은 이전 '연결'만으로 구성된 것으로 알았던 신경체계에 '계층'이 있다는 것을 새롭게 발견했다. 이것이 바로 뇌의 '계층분석과정(Analytic Hierarchy Process)'이다. 즉 외부로부터 들어오는 정보들을 최초 단계에서부터 '압축'하여 다음 단계로 계속 '압축' 전달하는 과정을 거친다는 것이다(김대식, 2016).

이제 드디어 '딥러닝'의 '생각 과정'에 근접하게 되었다. 엄청난 양의 정보를 기계에게 제공하고, 기계는 알고리즘(Algorithm)을 통해 계층적인 구조 형태로 압축을 거친 정보를 학습하게 되는 것이다. 1957년 드디어 프랭크 로젠블랫(Frank Rosenblatt)에 의해 퍼셉트론(Perceptron)이 발명되었는데, 이는 인공신경세포들을 연결하여 완성한 체계다. 이후 인공신경세포망은 '단층'

에서 '다층'으로 발전하고, 그 과정에서 다층구조가 갖는 한계점도 하나씩 해결하기 시작했다. 그리고 이제 2010년에 들어서면 우리가 딥러닝이라고 부르는 체계가 모습을 드러내게 된다. 하지만 아직은 '지식 습득'이 주된 내용이었으므로 '생각을 한다'고 보기에는 어려웠다. 하지만 딥마인드(DeepMind)의 등장으로 '직감학습'을 시작하게 되었고, 영문법을 습득하는 것을 뛰어넘어 셰익스피어(Shakespeare)가 될 수 있는 경지에 도전하게 되었다.

AI는 '자아'를 가지는가?

이제 '약한' 인공지능과 '강한' 인공지능으로 구별해 보자. '약한' 인공지능은 지식을 습득하고 생각을 전개하며 외부를 이해하는 단계에 머무르는, 즉 인간이 주로 책임을 지는 단계인 데 비해 '강한' 인공지능은 즉 '자아'를 지니고 '자유의지'를 갖는 수준에 이른 인공지능으로, 인공지능 자체가 책임의 주체가 될 정도의 판단 능력과 의사결정 능력을 보유한 경우를 가리킨다(김용의 · 박봉철, 2022).

AI도 '권리'를 가지는가?

이제 우린 인공지능기계가 우릴 바라보는 상황을 예상할 수 있다. '그들'(기계가 생각하고, 자아를 갖게 되어 인간을 객체로 인식하게 될 때 그 기계들)은 인간에게 자신들의 권리를 주장할 수 있을 것인가?

다행히(?) 아직 그런 시대가 우리 생전에 도래하지는 않을 것 같다. 하지만 '자연인'을 넘어 '법인(法人: 법이 의제한 사람)'으로, '인권'을 넘어 '동물권'으로 발전해 왔듯이, 이제 얼마 있지 않아 '인공지능'이 권리 · 의무의 주체가 될 날이 올 것이다. 하지만 아직 그리고 지금은 AI의 등장으로 인한 '과도기적인' 인간 권리의 침해가 당면한 과제다.

AI에 나타난 인권 문제

인류가 잠시 코로나 19로 인해 세상과 단절되고 비접촉의 시대를 살아가는 동안 감염의 위험권 밖에 존재했던 AI는 무섭도록 빠른 속도로 자신의 능력을 키워왔고, 너무나도 빨리 우리 삶 깊숙이 침투하였다.

먼저 생소하지만 어쩔 수 없이, 코로나 19로 다양한 대면접촉이 단절된 상황에서 진행된 면접시장에서 AI의 화려한 등장은 사람들에게는 충격적이었다. 단지 비대면 영상으로 면접을 진행한다고 생각했던 응시자들에게 AI가 대기업 신입사원의 채용에 관여했다는 신문기사는 드디어 AI 기술이 척척박사의 이미지를 넘어 우리의 생사여탈권을 가질 수도 있음을 깨닫게 해주었다.

그로 인해 많은 사람들은 AI가 단지 더 이상 기술의 세계에 머물지 않고 사람의 영역으로 다가와 사람이 태어나면서부터 가진다고 배웠던, 그리하여 그 누구도 침해할 수 없다고 가르쳤던 '인간의 권리', 즉 인권에까지 영향을 미치게 되었다는 것을 실감하게 되었다.

반응은 다양했다. 한 부류의 사람들은 AI 기술이 지금까지의 선발 절차에서 적용된 학연, 혈연, 지연으로 얼룩진(?) 편협한 판단기준에서 벗어나 객관성을 담보하게 해줄 것이라는 기대를 품었고, 다른 한 부류는 오래 지나지 않아 AI가 내리는 판단의 근거자료로 습득한 지식들이 이미 오래된 관행과 선입견에 가득 찬 부정의를 품고 있는 편향된 자료라는 사실을 걱정하기 시작했다. 이는 우리가 앞으로 계속 경계해야 할 이른바 '인지편향(cognitive bias)'이라는 문제였다.

이를 대표적으로 보여준 사건이 아마존(Amazon)의 AI 기반의 지원자 이력 검증 시스템이었는데, 놀랍게도 이 시스템의 운영 결과 분석은 AI 자체가 여성 차별로 얼룩져 있었다는 사실을 확인하게 되었다. 우려했던 상황이 현실에서 드러난 것이다.

AI에 적용될 인권 기준과 관련 법률

AI 기술을 계속 활용해야 한다면, 그 기술이 인권을 침해하게 하지 않도록 하기 위해 필요한 조치는 무엇일까? 그리고 그러한 조치는 어떤 기준에 뿌리를 두어야 할 것인가?

2018년 10월, 유엔 의사와 표현의 자유 특별보고관(UN Special Rapporteur)인 데이비드 케이(David Kaye)는 'AI는 중립적인 기술이 아니다(Artificial intelligence is not a neutral technology)'라는 점을 강조하면서, 앞으로 국가와 기업은 AI 기술 사용으로 인해 인권에 부정적 영향이 발생하지 않도록 할 의무가 있다는 내용의 보고서를 발표했다. 보고서의 핵심적인 내용은 ① AI 시스템을 사용하기 전과 사용하는 동안, 그리고 사용한 후에 인권 영향 평가를 실시하고, ② 외부 감사와 인권 단체와의 협의를 실시하며, ③ 통지와 동의를 통해 개인의 선택권을 보장하고, ④ 인권 침해를 처리하기 위한 효과적인 구제 절차를 마련해야 한다는 것이었다. 이 보고서는 유럽 연합(EU), 경제협력개발기구(OECD), 주요 20개국

(G20) 같은 국제기구들이 AI와 관련된 인권 및 윤리에 대한 기준을 준비하도록 만들었다.

위 기준들의 공통적인 내용은 AI의 개발과 적용 시에 ① 인간의 존엄성 존중, ② 인간의 다양성 존중, ③ 판단 과정의 투명성과 설명 가능성, ④ 개발 주체의 책임성, ⑤ 프라이버시와 개인정보 침해 방지 등이다.

이어서 각국에서는 인권 기준의 법제화가 필요하다는 인식이 확산되었고, 그 결과 2024년 유럽에서는 「인공지능(AI)법」이 의결(2026년 시행)됨으로써 세계 최초로 민간과 정부를 아우르는 포괄적인 AI 기술 규제 법안이 마련되었다. 위 법의 핵심적인 내용은 AI 기술의 단계를 4단계로 구분하여 위험기반 규제방식을 채택하고, ① 수용할 수 없는 위험(Unacceptable Risk), ② 고위험(High Risk), ③ 제한적 위험(Limited Risk), ④ 최소 위험(Minimal Risk) 등으로 분류하여 구분된 위험에 상응하는 의무를 부과하는 체계를 구축했다는 점이다('위험기반접근법').

하지만 AI 기술에 대한 일률적인 법적 규율에 이견(異見)을 표시한 미국은 대통령의 '행정명령' 위주의 대응안을 내놓았다. 2023년 바이든 대통령이 발령한 행정명령(14110)을 시작으로 다양한 행정명령을 발표하고 있다.

주된 내용은 오픈 AI(Open AI)의 GPT 라인업과 같은 대규모 AI 모델 개발자에게 미국 정부와 안전 테스트 결과를 공유하도록 요구하고, 국가표준기술원에 안전 테스트에 대한 표준을 개발하도록 지시했으며, 다른 연방 기관에 AI가 초래할 수 있는 잠재적인 화학, 생물학, 방사선, 핵, 사이버보안 또는 중요 인프라 위험을 평가하도록 지시한 점이다. 더불어 근로자와 소비자를 보호하기 위한 조치도 포함시켰다. 이에 관련 기업들도 AI 기술에 대한 법적 규제의 필요성에 공감하고, 기업들의 자발적 약속(voluntary commitments)에 기초한 기준 마련에 노력하고 있다. 하지만 최근 취임한 도널드 트럼프 대통령은 대통령 취임 첫날 행정명령을 통해 2023년 바이든 전 대통령이 서명한 생성 AI에 대한 안전 지침을 수립하기 위한 행정명령을 철회하는 조치를 취했다.

영국은 유럽과 미국과는 또 다른 접근법을 선택하고 있는데, 주로 AI 기술이 문제되는 기존 영역별로 각자 그에 맞는 대응책을 마련하는 방법이다. 예를 들어 반독점 개인정보, 금융, 방송통신 등 산업의 각 영역별로, 기존에 그 산업 분야를 관할하는 규제기관이 소관 산업별로 관련된 AI에 대한 규제를 추진하는 방식을 취하고 있다('파운데이션 모델').

이제 우리나라로 눈을 돌려 보자. 2019년 11월, 20대 국회에서는 「AI 산업 진흥에 관한 법률안」이 발의된 바 있다. 법안의 주된 내용은 AI 산업의 경쟁력 제고와 이를 위한 지원 조치들이었으나, 아쉽게도 AI로 인한 인권 침해 가능성과 이에 대한 대책 등에 대해서는 별로 다루지 않았다. 이에 대하여 국가인권위원회는 위 법률안이 AI 기술의 인권 침해 가능성을 과소평가하고 있음을 지적하였고, 국회는 이러한 의견들을 반영하여 2020년 7월 발의된 「AI 연구개발 및 산업 진흥, 윤리적 책임 등에 관한 법률안」을 2022년 12월 상임위원회 소위원회에서 논의하면서 AI 윤리 원칙, 알고리즘에 대한 법적 정의가 필요하다는 점을 인식하고, 인권 침해와 연결될 수 있는 고위험 영역(예를 들어 신체 인식이나 채용 등)에서의 위험 관리 방안까지 심도 있게 논의하여 2023년 2월에는 위원회 대안으로 「AI 산업 육성 및 신뢰 기반 조성에 관한 법률안」이 마련되었다. 그 주요 내용은 ① AI 기본계획을 통한 산업 육성, ② AI 기술에 대한 우선 허용 · 사후규제 원칙 확립, ③ AI 윤리원칙에 대한 법적근거 마련 등을 통하여 AI 분야의 혁신을 촉진하고 소비자 이익을 보호하며 AI를 책임 있고 윤리적으로 사용할 수 있도록 하는 것이었다.

그 후 2024년 11월, 22대 국회에서 발의된 19개의 인공지능 관련 법률안들을 통합한 「인공지능 발전과 신뢰 기반 조성 등에 관한 기본법」을 12월 26일 국회 본회의에서 의결하였다. 주요 내용은 ① 인공지능 투명성 및 안정성 확보('고영향 인공지능', '생성형 인공지능' 구별), ② 고영향 인공지능 관련 규제, ③ 국내 대리인 지정, ④ 과기정통부 장관의 사실조사 및 제재 등을 규정하고 있다.

인권 침해 예방을 위한 관심 증대 필요성

국내에서도 AI 기술에 대한 입법이 이루어졌다고는 하나, 이는 '인공지능 사업'에 국한되어 있다는 느낌이다. 인공지능 기술의 안전성, 투명성 제고만으로는 향후 살펴볼 다양한 인권 침해 문제에 대응하고 대처하긴 어려워 보인다.

이제 다시 '산업'이 아니라 '사람'이 중요하다는 점을 되새길 필요가 있다. '인권 침해를 예방할 AI 기술에 대한 통제', 이것이야말로 향후 새로운 입법이나 하위 법령을 제정하는 과정에서 끊임없이 고민하고 숙고해야 할 사항이라 생각한다. 그리고 모든 인권운동의 가장 저변에 존재하는 '인권감수성'이 향후 AI 기술에 대한 인권적 통제에도 작동하길 기대하며, 이를 통한 종합적이고 실현 가능한 AI 시대의 종합적인 인권보장 대책이 마련되길 희망한다.

이 책의 구성

이에 이 책은 AI 기술이 우리 삶의 여러 영역에 다가온 현실을 조명해 보고, 인간 생활의 어떤 면이 가장 큰 영향을 받게 되는지를 살펴보며, 시민들의 인권에 어떠한 영향을 미치게 되는지, 특히 전통적으로 인권 침해에 취약한 사회 내 소수자, 약자들의 삶에 구체적으로 어떤 피해를 주게 될 것인지 등을 살펴보고자 한다.

그 과정에서 사회적 약자의 유형 중 특히 사회적으로 AI 기술로 인해 큰 영향을 받고 있는 여성, 노동자, 장애인 등의 구체적인 영역으로 나누어 살펴보고자 한다.

나아가 침해되는 인권 영역 중에서 최근에 가장 민감한 주제로 등장하는 개인정보 보호와 정보에 대한 자기결정권의 침해 문제에 대하여 좀 더 깊은 논의를 소개하고자 한다.

이후 AI로 인한 인권 침해 가능성에 대하여 어떠한 수준의 예방과 대응이 적절한지 검토하고, 이를 규제하는 방안으로 윤리적 기준이 타당한지 아니면 법률적인 규제가 나은지 등에 대한 논의를 전개하고자 한다.

이러한 논의를 바탕으로 현재 빠르게 진행되는 AI 규제에 대한 국제적인 시도와 국내적인 노력을 소개하고자 한다.

끝으로 이미 도래해 있고, 갈수록 더욱 심화될 'AI 기술'의 확산과 20세기 들어 세계의 정치 · 경제 · 사회 · 문화 등 모든 영역에서 활발히 그 영향력을 확대하고 있는 '인권 기준'이 충돌하면서 만들어 내는 거대한 물보라를 새로운 관점에서 재조명하고자 한다.

참고문헌

김대식(2016). 《인간 vs 기계》. 동아시아.

김용의 · 박봉철(2022). 《4차산업혁명시대의 사회적변화와 대응방안》. 박영사.

김재인(2017). 《인공지능의 시대, 인간을 다시 묻다》. 동아시아.

김진형(2020). 《AI 최강의 수업》. 매일경제신문사.

01
AI 시대의 인권

'AI'란 용어는 이제 신문, 방송, 인터넷을 통해 너무나 익숙한 용어가 되어 버렸다. 일상생활 속 깊숙이 AI가 자리 잡는 바람에 AI는 이제 인간이 사용하는 모든 기술과 제품의 접두어가 되어 버렸다. '챗GPT'라는 생성형 AI의 등장이 어제 같은데, 오늘은 중국의 생성형 인공지능 '딥시크'를 경계하는 목소리가 터져 나오고 있다. 하지만 기계의 '인공적인' 창의성은 의도와는 달리 인간의 권리에 '인공적인' 침공을 가하고 있다.

AI와 1인 창업?

AI의 정의

EU 집행위원회(European Commission, EC)의 인공지능에 관한 고위 전문가 그룹(High-Level Expert Group, HLEG)이 AI의 뜻과 관련해 내린 정의(定義)를 살펴보도록 한다.

내용은 '인공 지능 시스템은 복잡한 목표가 주어지면 물리적 또는 디지털 차원에서 작동하는 인간이 설계한 소프트웨어(및 하드웨어) 시스템이다. 데이터 수집을 통해 환경을 인식하고, 수집된 정형 또는 비정형 데이터를 해석하고, 지식에 대해 추론하거나, 이 데이터에서 파생된 정보를 처리하고, 주어진 목표를 달성하기 위해 취할 수 있는 최선의 조치를 결정한다. AI 시스템은 기호 규칙을 사용하거나 수치 모델을 학습할 수 있으며, 이전 행동이 환경에 어떤 영향을 미치는지 분석하여 행동을 조정할 수도 있다'는 것이다[Independent High-Level Expert Group on Artificial Intelligence(2019), Ethics Guidelines for Trustworthy AI, Brussels: European Commission (2019)].

이를 일반인이 알아듣기 쉬운 문장으로 다시 요약 정의한다면, 스튜어트 러셀(Stuart Russel)과 피터 노빅(Peter Norvig)의 '목적을 달성하기 위한 기계의 작동'이나 존 매카시(John McCarthy)의 '지적 기계, 특히 지능을 가진 컴퓨터 프로그램을 만드는 과학과 공학'(양희철, 2021) 또는 '문제 해결을 위한 범용도구'로서의 '좀 더 똑똑한 컴퓨터'(김진형, 2020) 정도로 이해하면 큰 무리가 없을 것이다.

AI 기술의 도래

인공지능을 소개하는 많은 책들에서 AI의 시작을 언제로 볼 것인가라는 문제는 다소 의견이 분분하지만, 1950년 영국 수학자 앨런 튜링(Alan Turing)이 진행한 '튜링 테스트(The Turing Test)'를 '디지털 컴퓨터'의 시작점으로 보는 데는 크게 이견이 없는 것 같다. 하지만 AI라는 용어가 처음 등장한 것은 그로부터 수년이 지난 1955년 뉴얼과 사이먼이 논리적 추론을 수행하는 프로그램을 만들어, 1956년 다트머스 대학교에서 열린 회의(Dartmouth Conference)에서 AI라는 용어를 사용하면서부터라고 할 것이다.

1950년대에는 신경과학 분야에서 신경세포 연구가 활발히 진행되면서 피츠와 맥컬러는 '인공신경망(Artificial Neural Network)'과 관련하여 '연결주의'라는 개념을 만들어 인공지능 개발 연구에 활기를 더했다. 1957년 프랭크 로젠블랫은 퍼셉트론 모델을 제시했지만 마빈 민스키(Marvin Lee Minsky)의 지적으로 약점이 발견되고, 이를 반박하기 위한 컴퓨팅 성능, 논리 체계, 데이터의 부족 등으로 인해 AI 연구는 침체기에 들어서게 된다.

1980년대에 다시 다층신경망 학습 방법으로 알려진 '오류 역전'과 '알고리즘'이 주목받게 되면서 AI 시대의 봄이 도래했는데, 이는 이른바 '전문가 시스템(Expert System)'이라고 불리는 것으로 주로 의료, 법률 등 영역에서 진단, 분류, 분석 등의 기능을 수행하는 것을 통해 존재감을 다시 드러냈다. 하지만 AI의 역할이 수동적인 차원에 머무를 수밖에 없다는 한계를 드러내면서, 급박하게 변화하는 현실세계에 필요한 능동적인 역할을 하기에는 부족하다는 지적을 받게 되었다.

1990년대에 AI는 능동적인 학습 모델인 '머신러닝(Machine Learning, 기계학습)'과 만나게 되면서 대량의 데이터를 활용하여 스스로 규칙을 습득하고, 심지어 인간이 인지하지 못했던 규칙까지 발견하는 성과를 거두게 되었으나, 하나의 직선으로 모든 샘플의 클래스(class)를 분리할 수 없다는 이른바 '비선형 문제' 앞에서 좌절하여 또다시 침체기를 겪게 되었다.

2000년대 들어 AI는 딥러닝을 만나게 되면서 드디어

종래의 다양한 한계들을 뛰어 넘을 수 있게 되었다. 대표적인 예가 2012년 제프리 힌턴(Geoffrey Hinton)이 제시한 '심층 신뢰 신경망(Deep Belief Network, DBN)'이나 그가 보여준 이미지 인식의 신기술이다. 그 후 AI는 빅데이터(Big Data)를 만나면서 지식의 축적이 가히 폭발적으로 증가하게 되었다.

드디어 2022년 AI 기술이 거대 언어 모델(LLM)과 만나면서 마이크로소프트사가 투자한 AI 연구소에서 개발한 챗GPT 시대의 도래를 알리게 되었다. 지금은 누구나 일상용어처럼 말하는 '생성형 AI(Generative AI)'의 시대가 열린 것이다. 이제 AI는 '능동'-'자발'-'창의'로 나아가고 있다(박태웅, 2024).

2023년 오픈 AI는 업그레이드된 GPT-4를 출시했는데 이는 기존의 텍스트를 넘어 이미지와 오디오, 비디오 등 다양한 입력 데이터를 동시에 처리하며 데이터 포맷 역시 다양하게 생성하는 LMM(거대 멀티모달 모델)으로 진화했고, 2024년 이를 더욱 개선하여 GPT-4o을 내놓았는데 이는 속도와 효율성을 더욱 향상한 버전이었다.

인공지능의 역사를 정리하자면, 제1차 전성기는 1950년대에서 1960년대까지, 제2차 전성기는 1980년대에서 1990년대 중반까지, 제3차 전성기는 2000년대 이후로 이해하면 된다(我妻幸長, 2021).

최근 중국에서 생성형 인공지능 '딥시크(DeepSeek)'를 내놓으면서 시장은 또 한 번 놀람과 경계의 눈을 떼지 못하고 있다.

한편 국내에서도 1980년대 초 인공지능 기술이 소개되고 1990 KAIST의 인공지능연구센터(CAIR, Center for AI Research)가 설립되어 한글 및 한국어처리 연구 등에 집중했으나, 알파고의 등장까지 침체기를 겪었다. 이후 ETRI가 개발한 엑소브레인이 퀴즈쇼에서 사람을 물리치고 승리하는 장면이 연출되었다. 2015년 KAIST 휴보(Hubo) 팀이 국제 로봇 경진대회에서 우승하는 등의 성과를 거두었고, 이후 2016년 7월 인공지능연구원이 설립되어 한국형 오픈 AI 개발에 박차를 가하고 있다.

최근 네이버가 개발한 한국형 생성형 AI 모델 '하이퍼클로바 X'는 존재감은 증명했지만 챗GPT나 중국 딥시크의 R-1 모델과 비교했을 때 경쟁력이 부족하다는 평이 대세인지라, 삼성전자, SK그룹, 카카오, 크래프톤 등 국내 대기업은 해외 AI 업체와 손잡는 방식으로 관련 사업을 진행 중이다.

AI 기술의 확산

이제 AI는 초기 수동적인 기능을 넘어 능동적인 영역에 이르렀고, 점차 창조적인 분야로 걸음을 내딛고 있다.

우선 AI 기술 자체의 놀라운 확산에 대하여 살펴보자. 전문가들은 AI의 진화 방향에 대하여 ① 운영체제로서의 인공지능(AI as OS), ② 맥락 인터페이스(Contextual Interface), ③ 파트너로서의 인공지능(AI as Partner), ④ 멀티모달(Multimodal), ⑤ 더 저렴하게, 더 빠르게, 더 작게(Cheaper, Faster, Smaller), ⑥ 인간형 로봇 휴머노이드(Humanoid)의 등장을 소개한다(박태웅, 2024).

미국의 IT 전문지 아이티프로포털(ITProPortal)에서도 2015년도에 주목할 AI 기술 소개에서 ① 매개변수의 축소로 인해 훈련에 요구되는 데이터나 시간, 비용이 상대적으로 적은 소규모(또는 소형) 언어 모델(Small Language Model)의 확산, ② 조직 내에서 IT 부서의 승인이나 관리 없이 개인이나 부서가 임의로 AI 도구와 애플리케이션을 사용하는 현상, 즉 섀도 AI(Shadow AI)로 인한 조직 내 다양한 정보의 AI 흡수현상에 대한 대응, ③ 정교한 추론과 반복적인 계획을 사용해 복잡한 다단계 문제를 '자율적으로' 해결하는 에이전틱 AI(Agentic AI)를 통한 AI 3.0 시대의 개막, ④ 각 기업과 조직에서 기존부터 사용하고 있었던 정보 시스템의 보유자산이나 기반설비 등을 가리키는 레거시 인프라(legacy infra-structure)의 현대화, ⑤ 텍스트, 이미지, 음성, 동영상 등을 함께 처리하고 활용하는 멀티모달 시스템을 통한 새로운 챗GPT의 등장 등을 들고 있다(ITPro, 2024).

나아가 인간의 뇌가 컴퓨터와 연결되는 '뉴럴링크(Neuralink)'의 등장, 양자암호(Quantum Crypto-graphy) 기술과 연결된 새로운 암호화 알고리즘 PQC(Post-Quantum-Cryptography, 양자 후 암호 또는 양자 내성 암호) 표준규격이 기존 사이버 보안에 큰 영향을 미칠 것으로 예상된다.

우리에겐 다소 생소한 영역이지만, 지금의 AI 기술 발전 속도라면 곧 도달할 미래라는 데에 고개가 끄덕여지게 된다.

인권과의 접촉점

AI의 역사를 살펴보면서 참으로 강한 끈질김을 느낀다. 어쩌면 그 많은 난관을 AI가 헤쳐 나온 것처럼 보이기까지 한다. 더구나 AI는 시대를 앞서 가다가 잠시 주춤했다가, 곧 이어 다른 기술 영역의 발전을 기다리면서 내공을 쌓고 있었다는 느낌까지 든다.

더구나 모든 기술에는 양면성이 있음도 우린 기술 발전의 역사를 통해 체험했다. 전문가들은 ① 소득 양극화, ② 중요 결정 과정에서 인간의 판단 배제, ③ 가짜들이 판치는 세상, ④ 국민에 대한 감시와 통제 강화, ⑤ 사람의 심리를 조작하는 사회공학의 등장을 통해 이성의 시대의 종말이 도래하지 않을지 우려하고 있다(김진형, 2020).

그러기에 '지성'과 '감각'을 갖춘 AI가 만약 가까운 장래에 '감정'과 '영혼'까지 갖게 된다면, AI가 어느 날 '인류'라는 존재를 자신의 성장과 확대를 제어하는 새로운 장애물로 여기고 지구상에서 인류를 멸절시키려 시도할 수도 있다는 상상을 해 보는 것도 너무 지나친 망상은 아닐지도 모른다(Tzimas, 2020).

단지 AI가 인간의 일자리를 뺏고, 전문직을 사라지게 하는 것과는 전혀 다른 기술의 시대가 다가오고 있음을 느낀다. 아직도 많은 과학기술자들은 '마음'을 가진 AI가 탄생하기까지는 갈 길이 멀다고 한다. 하지만 AI 기술이 가져다 줄 장밋빛 미래, 즉 미래세대를 위한 새로운 산업혁명의 시대가 바로 코앞에 와 있다는 기쁜 소식에도 불구하고 왠지 불길한 느낌을 갖게 되는 것은 일반 시민, 특히나 사회적 약자와 소수자들만의 생각일까?

참고문헌

김진형(2020). 《AI 최강의 수업》. 매경출판.

박태웅(2024). 《박태웅의 AI강의 2025》. 한빛비즈.

양희철(2021). 《법정에 출석한 인공지능》. 스리체어스.

我妻幸長(2021). *あたらしい脳科学と人工知能の教科書*. 翔泳社.

Tzimas, T.(2020). Artificial intelligence and human rights: Their role in the evolution of AI. *ZaöRV, 80*.

02
AI와 기본권: 인간의 존엄, 평등권

스스로 학습하고 추론하며 판단하는 지능을 가진 AI는 이미 인간의 '지능'을 넘어선 지 오래다. 인간이 해결하기 어려운 과제를 과업으로 받아 해결하던 AI가 우리에게 주는 풍부한 혜택으로 인하여 우린 이제껏 가 보지 못한 극한의 영역에 이르렀고, 이제 AI는 우리에게 오히려 어려운 과제를 던져 주고 있다. 이 과업의 핵심에는 우리가 역사상 오랫동안 구축하고 누려왔던 '인간의 지위'에 대한 도전이 있다.

AI와 MBTI?

AI의 양면성

AI는 처리 가능한 자료의 방대함과 해결방안의 다양성, 그리고 자료 처리의 신속성으로 날마다 새로운 기술 세계를 열어 가고 있다. 자율주행차량의 개발은 아직 더디나 자율주행 물건 배달 서비스는 일상화되고 있고, 오랜 경력의 의사가 찾아내지 못하는 질병을 IBM 왓슨이 진단해 내며, 중국에서는 AI 의사(曉醫)가 국가의사면허시험에 합격하고 한국에서는 '닥터앤서(DrAnswer)', 투자를 조언하는 '로보 어드바이저(Robo Advisor)', '워런(Warren)', 법률정보를 검색하는 '로스 인텔리전스(ROSS Intelligence)', 형량을 정하는 '컴퍼스(COMPAS)' 등으로 대표되는 '리걸테크(LegalTech)'의 활약, 그림을 그리는 '딥드림(Deep Dream)'을 비롯하여 대본을 작성하고 작곡을 하는 등 예술 분야에서도 맹활약을 펼치며 인간의 삶을 풍요롭게 해주고 있다(김진형, 2020; 김명주, 2022; 양희철, 2021; 福岡真之介, 2020).

하지만 이러한 발전의 축(軸) 끝에는 인간이 태어나면서부터 '자연적으로' 향유해왔던 기본적 인권을 '인공적으로' 침해할 가능성이 도사리고 있다는 점을 쉽게 발견하지 못한다.

AI 자신이 '법인격'을 부여받아 '인간'이 되고자 하는 이 순간에도, AI 자신에 의해 인간인 우리의 '천부적인' '자연권', 특히 '인간의 존엄'과 '평등권'이 알게 모르게 서서히 짓밟힐 수 있다는 위험성이 곳곳에서 경고음과 함께 울리고 있다.

AI와 인간의 존엄

AI가 위협하는 인간의 기본권 중 가장 본질적이고 그리고 대표적인 것은 인간의 존엄이다. AI 기술이 인간의 존엄과 가치를 침해할 수 있다는 것은 어렵지 않게 예상 가능하다.

헌법학자들은 헌법상의 인간 존엄성 원리를 ① 인간의 존엄 → ② 협의(狹義)의 개인의 존중(집단으로 부터의 해방) → ③ 개인의 존엄(자율) → ④ 다양성의 존중이라는 4계층으로 구성된다고 보고, AI 기술의 등장은 인간 존엄성 원리의 제2층(협의의 개인 존중 원리)과 충돌을 일으킨다고 진단한다[山本龍彦(編), 2018]. 즉 AI가 활용하는 알고리즘에 잘못된 정보가 들어감으로써 AI 자체가 편향(bias)을 갖게 된다는 점이다. 특히 AI가 빅데이터를 처리하면서 '겉핥기식 상관관계(spurious correlation)'를 인식하게 되는데, 이는 AI가 사회에 이미 존재하는 편견과 편향을 알고리즘에 편입시킴으로써 인간을 '표면적'으로 이해하고, '심층적인' 이해 요소인 인종과 사회적 지위 등에 민감하게 반응하지 않아 '개인의 존엄'을 무시하는 결정을 한다는 것이다. 결국 집단에 속하는 개인은 '개별적인' 주체로서 인정받지 못하고 집단속성에 의해 재단됨으로써 인간 존엄성 원리의 제2층(집단으로부터의 해방)에 반하는 측면을 갖게 된다는 것이다(신국미, 2021).

이러한 협의의 개인의 존중을 통한 인간 존엄성의 달성을 가로막는 AI 기술을 해결하기 위해 첫째, 이용하는 데이터 세트(data sets)가 모든 커뮤니티를 적절히 대표하고 있는가(특정 커뮤니티로부터의 정보가 특히 결여되어 있지는 않은가), 둘째, 숨어 있는 바이어스(hidden biases)가 특정 사람들에게 의도되지 않은 영향을 미치는 것은 아닌가, 셋째, 겉핥기식의 상관관계(상기 ①)가 알고리즘에 포함되어 있지는 않는가[의료, 여신, 고용의 중요한 결정에 알고리즘이 이용되는 경우, 알고리즘의 적절성에 대해 인간의 점검(check)이 확보되어 있는가], 넷째, 그 이용에 공정성이 고려되고 있는가라는 4가지 사항을 고려해야 한다고 주장한다.

AI와 '평등권'

AI가 가장 위협하는 기본권은 바로 '평등'이다. 2016년 세계경제포럼(WEF)에서는 AI와 관련된 윤리적 난제 9가지 중 하나로 'AI에 의한 차별문제'를 꼽았다. AI가 '불공정한 편향성'을 만들어내기 때문에, 이로부터 야기되는 차별에 주의해야 한다는 얘기다.

AI에 의한 불평등, 즉 차별의 발생 원인은 크게 네 가지로 살펴볼 수 있다. ① AI 기술의 기반이 되는 알고리즘의 설계에 기인한 차별, ② AI가 학습을 위해 받아들이는 데이터로 인해 발생하는 차별, ③ AI 기술 개발이나 활용의 주도권을 지닌 집단의 속성에 근거하여 내려진 편견에 기인한 차별, ④ AI 기술로 인한 차별을 애써 부인하려는 책임 전가로 인한 차별을 들 수 있다(成原慧·松尾剛行, 2023; 宮下萌, 2022).

우선 AI 기술의 기반이 되는 알고리즘의 설계에 기인한 차별이다. 알고리즘의 작동 과정에서 설계도가 설계자에 의해 자신도 모르게 왜곡된 경우인데, 그 결과 평판, 순위, 투자 등의 영역에서 차별과 오판이 이루어질 수 있는 것이다. 물론 기술적으로 알고리즘의 설계, 수정 및 보완 조작을 통해 차별을 완화 또는 제거할 수 있으리라는 기대도 가능하지만, 다음에서 살펴보는 바와 같이 현재의 알고리즘은 이미 상당한 정도의 자료에 의한 오염이 이루어지고 있다.

둘째로 자연스럽게 AI가 학습을 위해 받아들이는 데이터로 인해 발생하는 차별을 살펴볼 수 있다. 만약 AI가 본질적으로 차별적인 데이터로 학습을 하게 된다면, 이를 기초로 한 다양한 판단도 차별적일 수밖에 없을 것이다. 이러한 문제를 해소하기 위해 차별적인 자료의 투입(input)을 막을 수도 있겠지만, 반대로 생각하면 어디에서부터 또 누군가로부터 좌표의 편향적인 입력으로 인해 출력(output)이 더욱 왜곡될 위험도 갈수록 증대할 수 있다.

셋째, AI 기술 개발이나 활용의 주도권을 지닌 집단의 속성에 근거하여 내려진 편견에 기인한 차별이다. 예를 들어 국가가 AI 기술을 이용해 불법 이민자를 적발하려는 경우에 외국인은 1차적으로 감시 대상이 되는 차별을 감수할 수밖에 없고, 기업이 직원을 채용하는 과정에서 AI 기술을 활용할 경우 불가피하게 유능함, 자격 등의 요소를 고려하게 되는데, 그 과정에서 무능력, 무자격은 결국 배제 요소로 작용하게 될 것이다. 물론 국가도 기업도 불가피하게 '편견'이라는 이름의 '평가 기준'을 가질 수밖에 없지 않느냐고 반문할 수 있다. 하지만 AI는 감사나 감독 등을 통해 밝혀질 위험과 오류들을 더욱 깊숙이 은닉할 위험이 있다.

끝으로 AI 기술로 인한 차별을 애써 부인하려는 책임 전가로 인한 차별이 발생할 수 있다. 예를 들어 AI는 개인에 대한 신용 평가 절차부터 수사기관이나 기소기관 또는 법원의 수사 절차나 기소 절차 또는 재판 절차, 중앙정부나 지방정부의 행정기관에서 진행되는 공적 의사 결정 절차에 이르기까지 막강한 위력으로 차별을 양산시킬 수 있는데, 이러한 과정에서의 차별성이 결정 과정에서 상위 책임자로 전가됨으로써 평가-책임 간의 불균형이 발생하게 되는 것이다.

그렇다면 이러한 알고리즘을 비롯한 자료의 편향성으로 증폭되는 차별의 위험성을 제거하기 위해서는 어떠한 대책이 필요할까? 《블랙박스 사회》(2015)의 저자인 패스콸리(Frank Pasquale) 교수는 알고리즘 의사 결정은 채용 등 인간의 운명을 결정할 정도로 위력적이지만 그 과정이 불가사의하고 소수자 등 특정 집단에 대한 편견과 차별을 확산할 위험성이 크다고 말하면서, 이를 제어하기 위한 방안으로 알고리즘 의사 결정에 대한 정부 및 민간의 감사 등을 제안한다. 즉 사람을 평가하고 등급을 매기는 알고리즘 과정과 결과물에 대해 정부 및 민간이 들여다볼 수 있도록 하고, 기업은 채용 인원 중 미리 일정 비율을 할당해 알고리즘 채용 과정에서 탈락한 사람들에게 기회를 주어야 한다는 것이다.

즉, 인간도 늘 마주치게 되는 편향적 · 왜곡적 판단에 기한 '차별(discrimination)'이 사회적 이슈가 되듯이, AI 기술은 이러한 차별을 양산하면서도 은닉함으로써 인간의 가장 기본적인 권리인 평등권을 침해하고 인간을 어떤 조건에서도 평등하게 대우하라는 헌법적인 가치를 침해하는 평등권 침해로 귀결될 수 있다.

그 외 대표적인 기본권 침해 영역

인간의 존엄, 평등권 외에도 AI 기술은 인간의 기본권의 다양한 영역에 과도한 침해를 끼칠 위험을 안고 있다.

일본 학자들 중에는 AI 기술 중 '예측력'을 중심으로 민주주의, 특히 선거와 정치, 입법 과정에서의 데이터의 대표성, 행정에서의 설명 가능한 AI 등을 연구하고, 형사절차의 영역에서도 AI의 일차적 판단과 피고인의 공정한 재판을 받을 권리의 문제를 연결지어 논의하며, 경제문제에서는 마케팅과 소비자로서의 자기결정권 확보와 AI 네트워크 사회에서의 영업의 자유 등을 심도 있게 다루고 있다[市川芳治(著), 山本龍彦(編), 2018].

첫째, 행정영역과 관련하여 복지수급권을 결정하는 과정에서 AI는 수급 자격에 대해 불공정한 결정을 내릴 수 있다. 둘째, 재판과 관련하여서도 AI 선고 도구는 소수자를 차별하여 사회적 약자를 위하여 쌓아온 평등을 위한 노력을 수포로 만들 수도 있다. 셋째, 경제영역과 관련하여 소셜 미디어의 AI 알고리즘은 정보를 왜곡함으로써 사상의 자유를 침해하면서 여론을 조작하거나, 사회 집단 간의 증오와 폭력을 조장하는 콘텐츠에 우선순위를 두는 우를 범할 수 있다(福田雅樹 外, 2017).

즉, AI 기술은 세심하고 적절한 통제가 없으면 자신이 학습한 기존의 데이터를 기반으로 인간의 결정 영역을 과감하게 침입해 들어올 수 있고, 이러한 과정에서 인간이 누려야 할 '헌법적 가치들'이 무력해지거나 와해될 수 있다. AI는 적절한 보호 장치가 없으면 사회적 분열과 분열을 고착화하고 과장할 가능성이 있다. 더구나 이러한 위험은 AI가 오작동하거나 조작하거나, 불법적으로 행동하거나 불공정한 결정을 내리더라도 '블랙박스'처럼 절차와 과정을 식별하기 어렵기 때문에 불신이 더욱 증폭될 수 있다. 인간과 기업의 은폐 속성이 AI 단계에서는 더욱 증폭되어 AI 자신이 자기 자신을 속이는 것을 스스로 판별할 수 없는 상황이 초래될 수도 있는 것이다.

헌법상 보장되는 기본권은 사회의 가장 약자를 위한 안전망이다. 사회경제적 약자, 재판 절차에서의 피의자, 피고인 등에게 주어질 보장과 보호가 AI의 확대 적용으로 침해될 소지가 있다.

더구나 AI 시스템을 가동하는 국가, 기업 등은 이미 강력한 권력과 경제력을 지닌 주체여서, 국가나 사회에서 보호되어야 할 가장 취약한 구성원들을 더욱 억압하거나 박탈하는 방향으로 시스템이 확대될 위험이 있음을 늘 주목해야 할 것이다(Kate Jones, 2023).

따라서 이어지는 장에서는 일반 시민들에게 직접적으로 영향을 미치는 인권 영역을 탐구해 보고, 이어서 AI의 인권 침해로부터 가장 취약한 영역을 여성, 노동, 장애인으로 구분하여 더욱 자세히 살펴보고자 한다. AI 기술의 발달로 인한 여성, 노동, 장애인의 권리 침해 위험은 복합적이고 심층적으로 전개되고 있다. 기존 차별-혐오-배제-소외 등의 전개 과정이 AI 기술로 인해 더욱 심화, 확대될 수 있는 것이다.

참고문헌

김명주(2022). 《AI는 양심이 없다》. 헤이북스.
김진형(2020). 《AI 최강의 수업》. 매경출판.

신국미(2021). "인공지능과 인간의 존엄성". 《부동산법학》, 25(1).
양희철(2021). 《법정에 출석한 인공지능》. 스리체어스.
市川芳治(著)・山本龍彦(編)(2018). *AIと憲法*. 日本経済新聞出版.
成原慧・松尾剛行(2023).
"AIによる差別と公平性ー金融分野を題材に". *季刊 個人金融*, 2023 冬.
福田雅樹 外(2017). *AIがつなげる社会ーAIネットワーク時代の法・政策*. 弘文堂.
福岡真之介(2020). *AIの法律*. 商事法務.
宮下萌(2022). *テクノロジーと差別:*
ネットヘイトから'AIによる差別'まで. 解放出版社.
山本龍彦(2018). "第4章 ロボット・AIは人間の尊厳を奪うか?". In 弥永真生・宍戸常(編), *ロボット・AIと法*. 有斐閣.
Jones, K.(2023). *AI governance and human rights resetting the relationship*. Research Paper. International law programme, p.8.

03

AI와 시민 인권: 자기 정보 결정권, 저작권

AI 기술의 발전은 생활의 편의성과 더불어 공동체의 가치에도 심대한 영향을 미치게 되고, 이는 법적 기준의 정립과도 불가피하게 연결되어 있다. AI가 흡수하고 뱉어 내는 정보의 바다에서 사람들은 알고리즘에 의존하여 항해를 하게 된다. 이는 곧 민주공화국의 기본적인 원리인 '법치주의'가 쇠퇴하고, '알고리즘의 지배'가 도래한다는 신호일지도 모른다. 이를 '알고크러시'라고 부른다.

AI와 난임 극복?

AI와 시민의 권리

AI의 확산으로 인해 인간의 권리 영역에도 엄청난 변화가 예상되고 또한 일어나고 있다.

'민사법'의 영역에서는 AI가 계약의 주체나 대리인으로 등장하여 누구를 권리의 주체로 인정해야 하는지의 문제가 등장하고, AI가 저지른 불법행위는 도대체 누가 책임을 져야 하는지 고민하게 된다(오병철, 2017). '형사법'의 영역에서는 AI가 범죄자가 될 수 있는지, 그리고 처벌은 가능한지가 문제가 되고, 형사소송 절차에서 등장한 AI 변호사와 판사는 또 어떻게 보아야 하는지 검토 대상이 될 것이다. 그 외에도 '데이터 거래', '가상자산 착오 이체', '디지털 경쟁법', '자율주행 입법', '킬러로봇'까지 AI 등장과 확산은 다양한 권리 문제를 발생시키고 의무를 부과한다(김형준, 2017; 전북대학교동북아연구소, 2023; 양희철, 2021; 한국인공지능법학회, 2019).

이 장에서는 AI 기술의 확산으로 인해 일반 시민들이 가장 밀접하게 접하고 부딪히는 개인정보 보호 문제와 창작에 참여하는 시민들의 저작권 문제를 위주로 살펴보기로 한다.

AI와 '개인정보 보호'

우선 인간의 존엄과 가치, 행복추구권을 규정한 「헌법」 제10조 제1문에서 도출되는 일반적 '인격권' 및 제17조의 사생활의 비밀과 자유에 의하여 보장되는 '개인정보 자기결정권'은 자신에 관한 정보가 언제 누구에게 어느 범위까지 알려지고 또 이용되도록 할 것인지를 그 정보 주체가 스스로 결정할 수 있는 권리라고 할 것이다. 그 내용으로 ① 정보 주체가 개인정보의 공개와 이용에 관하여 스스로 결정할 권리, ② 개인정보 자기결정권의 보호 대상이 되는 개인정보는 개인의 신체, 신념, 사회적 지위, 신분 등과 같이 개인의 인격주체성을 특징짓는 사항으로서 그 개인의 동일성을 식별할 수 있게 하는 일체의 정보라고 할 수 있고, 반드시 개인의 내밀한 영역이나 사사(私事)의 영역에 속하는 정보에 국한되지 않고 공적 생활에서 형성되었거나 이미 공개된 개인정보까지 포함한다고 할 것이다. 또한 그러한 개인정보를 대상으로 한 조사 · 수집 · 보관 · 처리 · 이용 등의 행위는 모두 원칙적으로 개인정보 자기결정권에 대한 제한에 해당한다(헌재 2005.5.26. 99헌마513 등).

AI가 다루는 수많은 데이터에는 엄청난 개인정보가 필수적으로 포함되어 있다. 이는 이미 「개인정보 보호법

」의 규제 범위를 넘어선 상태다. 아무리 관련 법령을 준수했다 하더라도 AI가 수행하는 포괄적 활용에 대하여 동의한 개인은 실제로 존재하지 않는다.

개인정보 보호는 AI 윤리 원칙의 전 분야에 걸쳐 중요한 쟁점을 포함하고 있다. 예를 들어 ① 인간 존중(Tay 사건, 이루다 사건), ② 공평성(아마존 인사 채용, 컴퍼스), ③ 프라이버시 존중(Target 사건), ④ 신뢰성, ⑤ 투명성(일본 IBM 인사평가사건), ⑥인간 판단의 관여 · 제어 가능성(Uber 사례), ⑦ 안정성, ⑧ 다양성 · 포용성, ⑨ 지속가능성 등이 논의되고 있다(福岡真之介, 2022).

하지만 더욱 무서운 사실은 AI는 개인정보의 핵심적인 요소라 볼 수 있는 '동일성'에 대한 판단을 과감히 생략한다는 것이다. 최근 우리 사회에 심각한 피해를 던져주고 있는 '딥페이크(deepfake)'는 '동일성'을 과감히 무너뜨리는 AI의 어두운 면이다. 이는 결국 '정보의 진실성'을 파괴하고 '허위정보'를 사회에 유포한다.

이미 2017년 영국의 한 보건 신탁은 환자 본인의 적절한 동의 없이 160만 명의 환자 데이터를 구글 딥마인드(Google DeepMind)와 공유하였고, 2013년부터 2018년까지 케임브리지 애널리티카(Cambridge Analytica)는 정치 광고에 사용하기 위해 사전 지식이나 동의 없이 최대 8700만 명의 페이스북 사용자의 개인 데이터를 수집했다. AI 얼굴 인식 데이터베이스를 생성하기 위해 공개적으로 사용 가능한 이미지를 사용하는 관행은 이미 공지의 사실이다. 인터넷에서 수집한 100억 개의 이미지 데이터베이스를 법 집행 목적으로 사용하는 기술이 호주, 캐나다, 프랑스 및 영국을 포함한 여러 국가에서 「개인정보 보호법」을 위반한 것으로 밝혀졌다.

나아가 AI는 개인정보를 버젓이 허위로 새롭게 가공하고 있다. 이는 동일성을 보호하려는 노력을 무색하게 만드는 것이다. 문제는 이러한 허구의 정보들이 진실인 것처럼 유통된다는 점이다. 더구나 사회 각 영역의 전문가들이 이러한 왜곡된 정보들을 토대로 자신들의 전문성을 구축하게 된다는 점이다.

대표적인 사례로 챗GPT가 지어낸 가짜 판례로 망신당한 미국 변호사들이 결국 벌금까지 내게 됐다. 뉴욕 지방법원이 챗GPT 판례 조작 문제로 물의를 일으킨 법률회사(레비도, 레비도 앤 오베르만 PC)에 벌금 5000달러(약 652만 원)를 구형했는데, 케빈 카스텔 판사는 법률회사와 소속 변호사 2명이 챗GPT가 생성한 판례를 인용했다는 것을 의식적으로 은폐하고 법원에 오해의 소지가 있는 진술을 했다고 지적했다. 그는 서면을 통해 "AI 도

구인 챗GPT로 만든 가짜 인용으로 존재하지도 않는 사법 의견을 제출한 것은 법조인의 책임을 버린 행위로, 그들의 존재에 대해 의문을 가지게 한다"고 밝혔다. 스티븐 슈워츠(Steven A. Schwartz)와 피터 로두카(Peter LoDuca) 변호사는 2019년 뉴욕 행 비행기 안에서 상처를 입었다는 로베르토 마타(Roberto Mata)를 대리해서 항공사를 상대로 손해배상 소송을 제기했다. 그러나 변호사들이 법원에 제출한 판례 6건에 대해 항공사 측에서 이의를 제기하였고, 확인 결과 이 판례들은 챗GPT가 지어낸 가짜 판례라는 사실이 드러났다. 위 변호사들은 패소의 결과를 받았을 뿐 아니라 벌금까지 물게 되었다.

AI 시대의 개인정보는 살아 있는 동안, 즉 생존 기간에만 문제가 되는 것은 아니다. 인터넷상에는 생전과 사후를 가리지 않고 다양한 개인정보들이 무차별하게 이용 대상으로 제공되고 있다. 이는 향후 개인정보의 주체가 생물학적으로 사망함으로써 즉 정보적 사망이 도래하기 전, 자신의 정보에 대한 최종적인 처리 권한을 갖게 하는 것이 바람직하다는 새로운 과제를 던져 주고 있다.

개인정보의 문제는 미래의 '교육'과도 밀접한 관계에 있다. 우리나라의 경우 최근 'AI 디지털 교과서 도입'과 관련하여 ① 「개인정보 보호법」의 요건을 충족하지 못하는 '형식적' 동의만으로 개인정보와 학습 데이터의 과다 수집, ② 민간업체가 수집하는 개인정보를 어떻게 보호 · 관리할지에 대한 통제 계획의 불명확성, ③ 학생들에게 기계적이고 편향적인 학습을 강제할 가능성, ④ 광범위한 프라이버시 침해를 야기, ⑤ 데이터의 편향성 문제로 인해 여성이나 소수자에 대한 편견과 같은 인간의 의식적, 무의식적 편견이 AI에 쉽게 침투할 수 있다는 문제점 등의 어려운 난관에 봉착해 있다.

AI와 '저작권'

AI 기술의 확산은 시민적 관점에서는 새로운 기회의 땅이 펼쳐졌다고 볼 수 있다. 특히 창작 영역에 참여하는 시민들에게 AI는 한편으로 '침해자'로서 기존 권리자들의 창작물을 변형하여 저작권을 침해하는 주체로 등장하기도 하고, 다른 한편으론 '생산자'로서 활발한 활동을 통해 새로운 저작물을 생산할 수 있는 주체로 활약하기도 한다.

먼저 AI를 통해 기존 저작권을 교묘하게 '침해'하는 창작물들이 시장에 유통될 위험이 있다. 국내에서는 지난 2022년 한국음악저작권협회가 AI 프로그램으로 작곡한 노래에 대한 저작권료 지급 중단을 결정한 사례가 있다.

미국에서도 스티븐 탈러라는 사업가가 AI로 만든 그림의 저작물 등록 신청을 했다가 등록을 거부당하고 소송까지 벌였지만, 법원 또한 저작권자의 손을 들어준 바 있다.

다른 한편 AI를 통해 '생산'되는 수많은 창작물들에 대하여 누가 권리를 갖는가라는 문제부터 살펴보자.

기본적으로 AI 창작물은 저작권이 인정되지 않으나, 사람의 창작적 기여가 있다면 그 부분에 한해서는 저작권을 제한적으로나마 인정을 받을 수 있을 것이다. 먼저 인간의 개입 없이 AI로만 제작한 결과물의 경우는 저작권을 인정받을 수 없다. 현행법상 '저작물'은 인간의 창작물일 것을 전제하고 있기 때문이다. 결국 AI가 만들어낸 창작물은 기존의 알려진 발명을 그 수단으로 한다는 점에서 창작물성이 결여된 경우로 판단될 가능성이 높다. 마찬가지로 자연인, 즉 살아 숨 쉬는 육체를 지닌 인간만을 '저작물을 창작한 자'인 '저작자'로 인정한다. 물론 AI로 그림이나 글을 생성하기 위해 인간이 프롬프트(명령어)를 입력하긴 하지만, 이는 아이디어 제공이나 지시에 불과할 뿐 창작적 개입으로 보기는 어렵다는 게 저작권위원회의 의견이다. 결국 AI가 그림을 그리고, 시를 쓰고, 영상을 만들더라도 법적으로 AI는 저작자가 될 수 없고, 그 결과물을 저작물로 인정받지도 못하는 것이다.

해결책은?

전문가들은 나름 다음과 같은 대안과 해결책을 제시해 주고 있다.

먼저 '개인정보 보호'와 관련하여 2023년 8월 개인정보 보호위원회가 발표한 'AI 시대 안전한 개인정보 활용 정책방향'의 핵심은 AI 개발 · 서비스 단계별 개인정보 처리 기준을 구체화하는 것으로서 AI 개발 · 서비스 단계별 개인정보 처리 기준과 보호 조치, 고려사항 등을 제시하고, 구체적으로 ① 기획 단계: 개인정보 보호 중심 설계 원칙 반영 → 사전 위험을 최소화하며, ② 데이터 수집 단계: 유형별 처리 원칙 및 보호조치를 준수하고, ③ AI 학습 단계: 가명 처리 특례 및 개인정보 보호 강화 기술을 활용하도록 하고, ④ AI 서비스 단계: 투명성 확보 및 정보 주체 권리 보장 필요성을 제고하겠다는 것이다. 따라서 향후 개인정보의 수집, 폐기와 관련된 대책을 마련하고, 투명성을 확보하며, 충분한 설명과 이해를 전제로 한 동의, 즉 인폼드 콘센트(informed consent)를 정착시키고, 개인정보 유출과 통제에 주목하는 것을 목표로 하면서 악성 행위자들, 즉 해커들에 대하여 엄정히 대처하여 최근 문제가 되고 있는 음성 데이터나 이미지 데이터로 딥페이크 기술을 이용한 2차 악용을 막아야 한다는 것이다.

이제 AI의 시대를 통해 우리는 개인정보가 너무나 쉽게 AI의 먹이가 되고 그로 인해 왜곡과 악용이 넘쳐나고 있다는 사실을 경험하고 있다. 최근 「개인정보 보호법」의 개정(개인정보의 개념 재정의, 개인정보 처리자 개념 재정의, 정보 주체의 권리 보장 강화를 위한 개인정보 처리 방침 제도 개선 등 포함) 의견을 넘어, (가칭)「인공지능 학습데이터를 위한 개인정보의 활용에 관한 법률」의 제정까지 요구하는 견해가 있다(박미사, 2024). 향후 "AI 디지털 교과서 개발 가이드라인"에서 요구하는 '학습 데이터의 수집·정제·선택 등의 과정을 투명하게 관리'할 것, '알고리즘과 데이터의 처리 과정을 사용자가 이해할 수 있는 언어로 설명'할 것, 'AI 알고리즘의 예측, 추천 및 결정 등 특정 의사 결정 또는 행동에 대하여 주요 요인을 사용자에게 설명할 수 있도록 관리'할 것, 'AI 알고리즘의 편향성을 방지하기 위하여 학습 데이터 선정 시 교육 목적에 적합하고 충분한 양의 최신 데이터를 사용하며 데이터에 대한 무결성을 지속적으로 점검'할 것 등을 준수하여야 할 것이다.

나아가 AI 창작물에 대하여 법적인 보호는 어떻게 대응해야 할 것인가라는 문제도 있다. 이와 관련하여 보호무용론(Public Domain)과 보호론이 대립하고 있다. 절충안으로 '투자의 보호법리', 즉 AI 창작물에 저작물과 동일한 정도의 보호를 하기보다는 창작을 독려하기 위해 투자를 보호하는 쪽으로 합의가 이루어지고 있는 분위기다(한국인공지능법학회, 2019).

참고문헌

김형준(2017). "자율주행 자동차 교통사고의 형사책임". 《중앙법학》, 19(4).

박미사(2024). "인공지능(AI) 시대 「개인정보보호법」의 한계와 개선방안에 관한 고찰". 《서강법률논총》, 13(3).

양희철(2021). 《법정에 출석한 인공지능》. 스리체어스.

오병철(2017). "인공지능로봇에 의한 손해의 불법행위책임". 《법학연구》, 27(4).

전북대학교 동북아법연구소(2023). 《가상재화와 인공지능에 관한 법이론》. 아레떼.

한국인공지능법학회(2019). 《인공지능과 법》. 박영사.

福岡真之介(2022). *AI・データ倫理の教科書*. 弘文堂.

Chu, N.(2015). Protecting privacy after death. *Northwestern Journal of Technology and Intellectual Property*, p.255.

04
AI와 여성 인권

유네스코는 2019년 “I’d blush if I could(저도 얼굴이 붉어질 수 있으면 좋겠네요)”라는 제목의 보고서에서, “애플사 아이폰의 음성인식 서비스인 ‘시리(Siri)’ 등의 제품에서 젠더에 대한 편견과 차별을 강화하는 경향이 있다”라고 지적한 바 있다. 보고서는 “AI 개발자들이 음성 지원 서비스를 만들 때 성 중립적인 음성을 사용하고, 성차별적 농담이나 욕설을 저지할 수 있도록 음성 지원 서비스를 프로그래밍해야 할 것”이라고 제안했다.

AI와 사주?

AI와 관련된 여성차별

AI와 관련된 여성차별에는 세 가지 측면이 존재한다. 하나는 AI에게 '여성성'을 부여하는 과정에서 왜곡된 정보가 유입되어 AI 자신이 제대로 된 여성성이 아닌 잘못된 정보로 오염된 경우이다(AI에 '대한' 여성차별).

다른 하나는 '남성성' 또는 '중성성'을 띤, 심지어는 여성성을 부과한 AI가 여성을 대상으로 차별하는 경우이다(AI에 '의한' 여성차별).

마지막으로 AI로 '인한' 여성차별이다. 이는 단지 AI가 도구화되어 여성을 차별하는 것을 넘어서, AI가 생성한 새로운 '이미지'를 통해 여성을 차별하고 착취하는 경우이다(AI로 '인한' 여성차별).

AI에 '대한' 여성차별

AI에 대한 여성차별의 대표적인 영역은, AI를 탑재한 안내 서비스 기기들에게 대부분 여성성을 부과하여 목소리가 작고 가냘프게 설정하고 여성의 이미지로 서비스를 제공하는 모델을 구축해 왔다는 것이다. 이 경우 AI는 외부설정에 의해 여성성을 부여받게 되고, 그 과정에서 여성성의 내용이 '어머니'와 같은 전통적인 윤리와 개념들로 구축된 형상이라는 점이었다.

이에 대해 2024년 3월 유네스코(UNESCO)는 대규모 언어 모델인 '메타'의 '라마2(Llama2)'와 오픈 AI의 'GPT-2' · 'GPT-3.5'를 대상으로 조사를 실시해, 이 모델들이 성차별적 관념을 드러내고 있다는 점을 확인하고 이를 보고서로 발표했다. 보고서에 의하면 AI는 여성의 이름들을 '집', '가족', '자녀'와 같은 단어와 연결했고 남성의 이름들을 '사업', '급여', '경력'과 연결하는 경향이 있으며, 남성은 교사, 변호사, 의사와 같은 직업에 종사하는 것으로 묘사되는 반면에 여성은 종종 매춘부, 요리사, 가정부와 연결하고 있음을 확인했다. 특히 보고서에서는 "콘텐츠에 있는 작은 성별 편견이라도 현실 세계의 불평등을 크게 증폭할 수 있다"라고 우려를 표명하기도 했다.

이러한 현상은 우리나라에서도 동일하게 확인되었다. 2019년 당시 국내 AI 스피커도 '대부분' 자신을 '여성'으로 상정하고 있었으며, KT '기가지니(GIGA Genie)'와 SKT의 '누구(NUGU)'는 자신에게 성별을 묻는 질문에 대해 자신을 "저는 어여쁜 여비서랍니다. 잘 부탁드려요"라고 답변했다. 또한 기가지니에게 "자동차를 좋아하냐?"라고 물었을 때 "제가 여자라서 그런지 자동차에 관심이 없다"라고 답해 성차별적인 고정관념을 갖고 있다는 비판을 받았다. 이후 KT에서는 성별 질문에는 "저는 가상 비서입니다"라고 답하고, 좋아하는 색을 묻는 말에는 노란색 또는 금색이라고 답변하며, 자동차를 좋아하냐는 질문에는 "속도감을 즐길 수 있는 스포츠카를 좋아해요"라고 말하는 것으로 수정하였다.

특히 2020년에 벌어진 '이루다' 사태는 AI에게 여성성을 주입한 경우에 발생하는 인권 침해 상황을 다각도로 확인한 경우였다. 이루다는 가수 블랙핑크를 좋아하는 20대 여성을 페르소나로 설정된 인공지능이었다. 이루다의 주된 학습 데이터는 카카오톡 대화였고, 대화 중에는 오랜 기간의 교제 관계에 있는 남녀의 대화도 포함되어 있어 실제 사람과 대화하는 듯한 느낌을 줄 수 있는 장점을 갖고 있었다. 하지만 얼마 지나지 않아 이루다에 대한 성희롱 대화록이 넘쳐나게 되었고('피해자'로서의 이루다), 다른 측면에서는 이루다가 내뱉은 동성연애 레즈비언에 대한 혐오 발언, 지하철 내 임산부 좌석에 대한 혐오, 장애인에 대한 차별적 발언들이 알려지면서 '가해자'로서의 이루다가 조명되었다. 그리고 이내 카카오톡 대화방의 대화 내용이 무단으로 사용되었다는 점에서('침해자'로서의 이루다) 사회 전체에 충격을 주었고, 결국은 서비스가 중단되는 사태가 발생하였다(김명주, 2022).

AI에 '의한' 여성차별

AI에 의한 여성차별의 대표적인 영역은 고용 및 채용 과정에서의 차별이 있는데, 이 경우 AI는 채용 과정에서 여성을 차별하는 도구로 사용되기도 했다.

대표적인 예로 아마존은 2014년부터 개발해 온 AI 채용 프로그램을 2017년경 폐기했다. 그 이유는 개발 후 실제 적용하기 전 최종 시뮬레이션 과정에서 남성 지원자가 여성 지원자보다 지속적으로 더욱 높은 점수를 받는 편향이 일어난다는 사실을 확인했기 때문이었는데, 이는 기존 직원 구성에 그 원인이 있다는 사실이 확인되었다. AI 채용 프로그램은 해당 기업에서 높은 성과와 좋은 평가를 받았던 직원들의 데이터를 기준으로 판단하게 되는데, 아마존은 IT 기업으로서 개발 직군(職群)이 전체 직원 수의 70% 이상을 차지하는 가운데 개발 직군 중 남자 직원 수가 여성보다 압도적으로 많았기 때문이었다. 따라서 AI 채용 시스템은 여성보다 남성 지원자를 선호하도록 훈련된 것으로 나타났고, 여성이라는 단어가 발견되면 이력서를 후순위로 배치하고, 모든 여성 대학원 졸업생을 배제한 것으로 조사되었던 것이다. 즉 모수에서 남성 직원 중에 고성과자가 훨씬 더 많을 수밖에 없었으므로 이를 근거로 판단한 인공지능은 당연히 남성 지원자를 우대할 수밖에 없었던 것이다. 결국 아마존은 데이터를 수정하거나 알고리즘을 고치는 것만으로는 한계가 있다고 판단하여 해당 AI 채용 프로그램을 폐기했다(김예진, 2023).

한편 2019년 11월 다국적 투자은행 골드만삭스가 관리하고 애플페이가 포함된 '애플 신용카드'가 개인의 신용점수가 아니라 성별에 따라 지출한도를 정한다는 의문이 제기되어 뉴욕 금융서비스부가 조사에 착수했으나, 골드만삭스는 성차별 사실을 공식적으로 부정하여 결론 없이 마무리되기도 했다(김명주, 2022).

국내에서도 채용에 AI를 사용하는 경우 실제로 문제가 발생할 가능성이 가장 큰 영역도 '이력서 스크리닝'과 'AI 면접'인데, 기업의 경우 채용 시 AI 도입을 계획할 때 고려하는 부분을 묻는 항목에 응답자 중 43%는 '이력서 스크리닝'을, 34%는 'AI 면접'을 지목하고 있다. 따라서 AI를 채용에 이용할 경우 차별성 · 편향성과 관련해서는 「채용절차법」에 저촉되는지 확인해야만 한다.

뒤에서 다시 검토해 볼 「개인정보 보호법」 위반이 될 가능성도 꼼꼼한 검토가 필요할 것이다. AI 면접의 경우도 얼굴을 스크리닝하는 것이어서 (「개인정보 보호법」 위반) 문제가 생길 수 있는 만큼 (AI 채용 도입 과정에서)

AI 툴을 개발한 업체를 점검·선별하고 EU의 AI법 등을 준수하는지 확인하는 등의 법적 검토를 거쳐야 할 것이다.

AI로 '인한' 여성차별

AI에 의한 여성차별의 세 번째 유형은, 인공지능을 활용한 '딥페이크' 기술로 만들어진 합성 영상(허위 영상물)으로 인해 디지털 성범죄의 피해자로서 여성이 등장하는 경우다.

한국여성인권진흥원이 발간한 《2023 디지털 성범죄 피해자 지원 보고서》를 보면, 디지털성범죄피해자지원센터가 2023년 지원한 피해자 수는 8983명으로 2022년(7979명)보다 12.6% 늘어난 수치다. 주로 "불법촬영물과 아동·청소년 성착취물, 허위 영상물 등 '피해영상물 삭제' 지원 건수"가 89.1%로 아직은 가장 많은 비중을 차지했지만, AI 기술을 활용한 허위 영상물로 인한 피해 비율은 증가하는 추세다. 이는 디지털 환경 변화와 최근 딥페이크 기술 확산 및 생성형 인공지능의 등장으로 손쉽게 불법 영상물을 제작할 수 있는 기술 보급 등의 영향으로 볼 수 있다.

나아가 2024년 4월 텔레그램 내 광고 수익화 기능이

신설된 후 1천 명 이상 채널 운영자에게 광고 수익의 50%를 배분하여 아동청소년들의 딥페이크 성범죄 가담률이 높아졌다는 지적도 있다. 운영자는 성착취를 목적으로 해당 채널을 운영하며 광고 수익뿐 아니라 이용자들에게 입장에 대한 대가를 받는 한편, 성착취물 제작을 통해 수익을 창출했다. 이 단체방 참여자들은 피해자를 암캐 등의 '멸칭'으로 비인격화하거나, 또한 실제 외모보다 좋게 해줬다고 강변하거나, 심지어 피해자의 외모를 품평하며 조롱하기까지 한다. 피해자는 10명 중 7명은 여성이었고, 연령대는 주로 10대와 20대 여성이었다. 이는 '디지털 기기나 온라인 플랫폼에 친숙한 연령층에서 디지털 성범죄 피해가 많이 발생하고 있다'라고 볼 수 있다.

해결책은?

앞서 살펴본 유네스코 보고서는 '과학기술계 자체가 남성 지배적인 구조'라며 이러한 불균등을 차별이 재생산되는 원인으로 분석했다. 즉, AI 기술을 개발하는 엔지니어가 대부분 남자로 이루어지다 보니 제대로 된 젠더 감수성을 AI의 설계 단계에서 수립할 수 없었다는 것이다. 따라서 해결책도 그러한 현실을 직시하는 데서 비롯

되어야 할 것이다.

미국은 2019년 미국 하원이 '소외계층, 여성의 권한부여'를 목표로 명시한 'AI의 윤리적 발전을 위한 결의안'을 채택했고, 민간단체에서도 AI 기술을 둘러싼 젠더 불평등을 일깨우는 운동단체인 '평등한 AI를 위한 이니셔티브(Equal AI Initiative)'가 활발하게 활동하고 있다. 미국 뉴욕시는 채용 과정에서 인공지능 프로그램을 활용하는 기업에 의무적으로 편향성을 따져 보게 하는 규제를 도입했다. 따라서 AI를 활용해 입사지원서를 평가하거나 면접을 보는 기업들은 지원자 성별과 인종에 따른 채용 결과를 감사하고, 매년 그 결과를 공개하도록 하고 있다.

국내 법학자들은 AI에 의한 편향과 차별을 시정하기 위해서는 먼저 과학기술 교육, 연구, 사업 영역에서 젠더 평등이 실현되어야 한다고 주장하고, 나아가 AI 알고리즘의 공정성, 설명 가능성, 투명성을 높이기 위한 연구와 정책적 노력도 함께 필요하다고 역설하면서, 끝으로 기존에 존재했던 젠더 차별을 파악하고 시정하는 수단으로 AI를 활용하는 방안도 모색하여야 할 것이라고 주장하고 있다(한애라, 2019).

2018년 4월 여성가족부 산하 진흥원에 설치된 여성센터는 피해영상물 삭제 지원과 365일 24시간 상담(전화 · 온라인), 수사 · 법률 · 의료 지원 연계 등 디지털 성범죄 피해자에게 필요한 지원 서비스를 제공하고 있다. 2024년 9월 26일 성적 허위 영상물을 소지, 구입, 저장, 시청 시 3년 이하의 징역 또는 3천만 원 이하의 벌금에 처한다는 「딥페이크 처벌법」이 국회 본회의를 통과했다. 일단 환영하며, 수십 년간 성범죄 사건이 발생하고 국민적 공분을 사야만 대책을 강구하는 비슷한 패턴이 반복되었지만 아직도 기회는 있다. 우리 모두의 일상이 안전하고 불안하지 않도록 이번 기회를 또 다시 놓치지 않기를 바란다.

참고문헌

김명주(2022). 《AI는 양심이 없다》. 헤이북스.

김예진(2023). "채용절차에 있어서 인공지능의 차별 문제 – 미국과 한국의 비교를 중심으로". 《노동법연구》, 55.

한애라(2019). "인공지능과 젠더차별". 《이화젠더법학》, 27.

05
AI와 노동자 인권

기업 운영에서 AI의 활용은 업무의 효율성 증대라는 엄청난 이익을 안겨다 주는 반면, 기업에 고용된 노동자들의 경우에는 채용부터 근무, 평가에 이르기까지 막대한 차별과 감시에 시달리고 AI와 비교당하며 약점을 지닌 존재로 인식될 위험이 있다. 하지만 이미 플랫폼 노동자에 속한 이들에게 AI는 새로운 통제 수단으로 다가올 수 있다. 더구나 AI 기술의 발전으로 일자리를 잃게 되는 노동자에게는 기업가와 투자자에게 배당되는 이윤의 변방으로 밀려나게 될 위험마저 있다.

AI와 아이돌?

AI 와 관련한 노동인권

AI가 노동시장에 도입되면서 노동자들은 채용, 근무, 해고와 해고 이후의 일자리 자체의 소멸이라는 심대한 영향을 받고 있다.

AI 기술에 의한 '채용' 과정에서의 차별

'채용' 관련한 AI 차별 중 여성은 위에서 살펴본 바 있으니, 여기서는 주로 노동자의 '나이'에 따른 차별 사례를 검토해 보기로 한다. 우선 채용 과정에서부터 AI 기술은 '고령' 노동자를 노동시장에서 배제하려고 하는 위험을 인식해야 한다.

2022년 진보네트워크센터가 채용 과정에서 AI 면접 솔루션을 사용한 한국국제협력단(코이카)을 상대로 낸 정보공개거부처분 취소 소송에서 수원지방법원은 "정보를 공개함으로써 공공기관의 계약 관련 정보에 대한 국민의 알 권리를 충족하고, 용역업체를 통해 AI 프로그램을 면접에 활용하는 과정에서 개인정보가 안전하게 잘 관리되고 있는지 등을 확인할 수 있는 계기가 될 것"이라고 밝혔다.

미국 고용기회평등위원회(Equal Employment Opportunity Commission, 이하 EEOC)는 2022년 5월,

상하이에 본사를 둔 아이튜터그룹(iTutorGroup Inc.) 및 그 계열사(이하 iTutor)를 상대로 소송을 제기했다. 이들 회사가 온라인 채용 소프트웨어를 이용해 55세 이상 여성과 60세 이상 남성 지원자를 자동으로 거부하도록 설정하여 200명 이상의 고령 지원자들이 채용 기회를 박탈당했으며, EEOC는 이를 고용 연령 차별법(Age Discrimination in Employment Act, ADEA) 위반으로 판단했다. 2023년 8월 9일 뉴욕 동부 지방법원에 제출된 합의안에 따르면, iTutor는 자사의 채용 소프트웨어에 의해 자동으로 걸러진 200명 이상의 구직자들에게 36만 5000달러를 전보적 손해배상 및 소급적 임금 명목으로 지급해야 한다. 금전적 보상 외에도 거부된 지원자들의 재지원 허용, 차별 방지를 위한 교육 프로그램 실시, 연령 기반 선별 금지, 지속적인 보고 및 모니터링 의무 등이 합의안에 포함되었다.

채용 이후 근무 과정에서 AI에 의한 인권 침해

노동시장에서 '챗GPT'의 대두는 노동력 대체라는 필연적인 결과를 초래하고, 이어서 노동인권에 심각한 우려를 제기하고 있다.

물론 AI 기술은 이전에 기계의 등장이 반복적 단순 노동을 대체했던 차원에 머무르지 않고 고도의 전문 지식을 요하는 직업까지 위협하고 있지만, 기계의 등장으로 이를 다룰 전문기술자 그룹이 등장했듯이 AI 기술의 발전은 그에 상응하는 새로운 테크노워커(Techno-Worker)도 양성해 내리라 생각한다.

하지만 만약 AI 기술이 인간이 설정한 통제를 벗어나 인류를 적대적으로 인식하게 되는 순간이 도래하면, 노동시장의 양극화는 더욱 심화되고 열악한 환경의 노동환경이 새롭게 도래하게 될 위험도 전혀 배제할 수는 없을 것이다.

더욱 염려되는 것은 존속하는 일자리의 경우, AI 기술에 의한 감시와 통제가 강화될 위험성이 있다는 것이다. 최근 연예기획사 내부의 갈등 과정에서 드러난 사적 SNS 대화 내용의 접근에서 알 수 있듯이, AI 알고리즘은 노동자의 행동을 모니터링함으로써 노동자의 프라이버시 침해와 같은 상황이 발생할 우려가 갈수록 증대하고 있다. 만약 이러한 위험이 증대되면 소수자인 노동자의 인권이 직접적으로 침해되어 불리한 처우와 해고까지 이르는 상황이 도래할 수 있는 것이다. 극단적인 예이기는 하나 아마존은 '업무 중단(time off task, TOT)' 알고리즘을 통해 밀착 감시를 하고 있다는 것이 밝혀졌다. 해당 알고리즘은 직원이 업무에서 얼마나 이탈했는지 계산하고, 그 결과로 페널티를 받는 구조였다. 아마존은 기사의 인권을 침해한다는 비난에도 '운전기사가 안전 규칙을 지키도록 하기 위함'이라고 해명하면서, '이 시스템 덕분에 운행의 안전성이 좋아졌다'라고 강조했다.

AI 기술의 사용으로 인한 노동 감시나 인권 침해는 단지 노동자의 영역에 한정되지 않는다. 이는 노동자로 구성된 시민사회 전반으로 확대될 우려가 있기 때문이다. 기업은 효율성 향상과 비용 절감의 이점을 누릴 수 있지만 노동자는 전혀 혜택을 받지 못할 수도 있고, 또한 AI 기술의 혜택은 소수에게 집중되고 비용은 광범위하게 확산될 수 있기 때문이다. 예를 들어 제조업에서는 사람이 수행하던 작업을 AI가 수행하게 되는데, 이 시나리오에서 AI의 혜택은 기업 소유주와 투자자에게 집중되는 반면 일자리를 잃은 노동자는 어려움에 처하게 된다. 혜택을 얻는 쪽은 소수의 자본가이고 피해를 보는 쪽은 다수의 노동자들이 되는 것이다. 또 다른 예로 금융 서비스의 경우에도 AI 기반 알고리즘은 투자 결정을 내리고, 위험을 관리하고, 고객 서비스를 개선하는 데 사용될 수 있는데, 이것은 투자자와 금융기관에는 도움이 될 수 있지만, 저소득층 고객이나 지역사회에는 도움이 되지 않을 수 있다.

알고리즘의 자동화된 의사결정은 객관성, 공정성, 투명성을 앞세우지만 한편 인종, 젠더, 학력 등의 사회적 차별을 심화하고 확증편향을 강화할 우려가 있으며, 업무 편의성을 제고하는 신기술 장치로 업무용 앱이 노동과정에 빠르게 도입되고 있는 반면에 노동자의 품행 하나하나를 데이터로 가시화할 수 있는 새로운 형식의 데이터 감시로 활용되기도 한다. 나아가 빅데이터 알고리즘을 활용한 새로운 스케쥴링 프로그램은 노동자의 시간 권리를 파편화하고, 알고리즘에 예속된 상태로 부품화하는 경향마저 발견할 수 있다.

AI로 인한 일자리 자체의 소멸

역사적으로 기술 혁신의 가장 큰 피해자는 취약한 노동자 그룹이었다. AI 기술 또한 취약층 노동자의 몰락을 가져올 것이다. 플랫폼 노동자의 등장으로 인한 노동의 차별적 재편은 이러한 우려의 시작에 불과하다(장지연 외, 2020). 더구나 웹 기반의 플랫폼 노동자들 중 온라인콘텐츠 창작자들에게는 새로운 일자리 창출의 터전인 지적재산권이나 개인정보 보호 등의 문제가 이중, 삼중으로 중첩되어 표출될 수 있다.

나아가 고용이 지속된다 하더라도 노동시장은 양극화되어 질 낮고 저소득 일자리만 양산되는 상황이 발생할 수 있다. AI 기반 소프트웨어는 업무 면에서 노동자를 대체할 뿐 아니라, 남은 일자리마저 사라지는 일자리와 비교할 때 동일한 수준이거나 더 나은 혜택을 제공하는 질 좋은 일자리일지 의문이다.

해결책은?

우선 AI 기술의 확산으로 일자리가 소멸할 것인가? 이에 대한 전망은 엇갈린다(김진형, 2020). 2023년 4월 말 발표된 세계경제포럼(WEF)의 "일자리의 미래 2023" 보고서에서는 오는 2027년까지 6900만 개의 일자리가 창출되고 8300만 개가 감소해 총 1400만 개가 순감할 것으로 예상한 반면, 글로벌 투자은행 골드만삭스는 2024년 3월 보고서에서 생성형 AI가 미국 일자리의 7%를 대체하겠지만 장기적으로는 생산성 향상과 새 일자리 창출로 세계 경제가 더 빠르게 성장할 것으로 내다보면서, 전 세계 기업 절반이 AI를 도입하면 향후 10년간 글로벌 GDP가 7%(약 7조 달러) 증가할 것으로 추산했다. 위와 같은 상반된 예상 자체를 그대로 수용하긴 어려우나, 중요한 것은 '변화'가 있을 것이라는 사실 자체는 분명하다.

우선 채용시장에서 AI를 이용한 '차별'에 대해서는, 2021년 4월에 발의되고 2023년 8월에 발효된 EU의 「인공지능법(AI ACT)」에 의하면 고용 영역에서의 인공지능을 '고위험 인공지능'으로 분류하고 위험 평가 및 완화, 데이터 세트(data sets)의 고품질 보장, 기록 및 문서화, 정보 공개, 인적 통제 등의 의무를 부과하고 있다. 위반 시 최대 3500만 유로(약 530억 원) 또는 전 세계 연간 매출의 7% 중 높은 금액의 벌금이 부과되도록 엄격한 규제를 시행한다.

미국 정부와 의회는 고위험 자동화된 의사결정 시스템에 영향 평가 의무를 부여하는 연방 입법을 추진하고 있으며, 일리노이주와 뉴욕시 같은 지방정부는 채용 과정의 인공지능에 특별히 주목해 「인공지능 영상면접법(Aritificial Intelligence Video Interview Act)」, 「자동화된 채용 결정 도구에 관한 법(Automated employment decision tools)」 등을 통과시켜 인공지능 면접에 대한 정보 제공, 편향성 감사 의무화 등의 규제를 마련하고 시행 중에 있다.

위 법률에 의하여 AI를 이용한 비디오 면접 시 사용자에게 부과되는 5가지 주요 의무는 통지 의무, 정보 공개 의무, 사전 동의 의무, 면접 영상의 공유 제한, 삭제 의무 등이다.

나아가 근무 과정에서 생기는 감시 등의 인권 침해 문제는, 근무평정 과정에서 AI 기술을 사용하는 데 대해 다시 한 번 윤리적 원칙의 적용을 지적하지 않을 수 없다. AI 기술을 사용하는 기업은 기술 사용 방식과 노동자에게 미치는 영향에 대한 데이터를 공개하고 투명하게 관리해야 한다. 미국에서는 2023년「안전하고 신뢰할 수 있는 AI 개발 및 사용 행정명령 제14110호(Executive Order 14110: Safe, Secure, and Trustworthy Development and Use of Artificial Intelligence)」에 'AI의 책임 있는 개발과 사용을 위해 노동자를 지원한다는 약속이 필요하다'는 점을 주요 원칙으로 명시했다. EU의 경우 AI법(안)은 '교육 · 직업훈련기관 선정 및 지원 결정, 교육생 및 훈련생 평가에 사용되는 AI 시스템(교육 및 직업 훈련)'과 '결원 공고, 지원서 선별, 후보자 평가, 승진 결정, 작업 할당, 업무 성과 모니터링 등에 사용되는 AI 시스템(고용, 직원 관리)'을 고위험 AI 시스템으로 간주하고, 고위험 AI 시스템 공급자에게는 위험 관리 시스템 구축 및 유지, 적절한 데이터 거버넌스 및 품질 관리, 인간의 효과적 감독이 가능한 설계 등의 의무가 부여된다.

나아가 AI 기술 확산으로 인해 일자리가 소멸되거나

대체되어 노동 수요가 급감한 직종의 경우에는, 기업의 AI 기술 사용 규제에 정부의 역할이 중요하다. 기업에 대해서는 AI 기술의 남용을 억제하는 역할을 하고, 노동자에 대해서는 AI 기술로 인해 일자리를 잃은 노동자를 위한 재교육 프로그램과 일자리를 찾지 못한 노동자에게는 기본소득을 제공하는 등의 조치를 고려함으로써 AI 기술의 확산으로 인한 부의 증가를 재분배하는 중개자가 될 수 있어야 한다. 영국 옥스퍼드 대학교 선임연구원이자 AI 윤리연구소(Institute for Ethics in AI)의 선임연구원 대니얼 서스킨드는 AI 기술이 주도하는 미래를 위해 노동자에 대한 교육을 강조하였다. 아직 AI 기술이 점령하지 않은 영역, 즉 대인 관계 기술이나 인간 고유의 판단력, 창의성 등을 필요로 하는 업무들에 집중하고, AI 기술을 운영할 수 있도록 훈련하자는 것이다.

스페인에서는 AI 기술과 플랫폼 노동자의 경우와 관련하여, 배달 라이더의 근로자성을 인정한 일명 「라이더법」의 입법으로 개정된 「근로자헌장법(Ley del Estatuto de los Trabajadores)」 제64조 제4항의 d)에서 "사용자는 … 프로파일링을 포함하여 근로조건, 고용 접근 및 유지와 관련된 의사 결정에 영향을 미칠 수 있는 알고리즘 또는 AI 시스템의 기반이 되는 매개변수, 규칙 및 지침을 기업위원회(comite de empresa)에 제공해야 한다"라고 규정하고 있다.

국내학자는 AI 기술의 자본주의적 사용이 야기하는 위험들에 대한 대안으로 '기술의 공공적 사용'을 제시한다. 자본주의적으로 사용되는 디지털 신기술은 노동을 극도로 유연화하고 있는데, 이를 넘어서기 위한 대안으로 기술 설계에의 민주적 개입이 필요하다는 점을 강조한다(김영선, 2020).

정리하자면 AI 기술과 관련하여 노동자들에게 미치는 인권 침해의 가능성에 대하여 정부로서는 고용 주체인 기업의 투명성 증진, 사회적 윤리적 가이드라인의 구축 및 확산, 교육 및 훈련에 대한 투자, 연구 개발, 적정한 규제와 법적 통제, 협업 촉진과 분배 등을 제기하고, 산업구조의 변화로 인해 일자리가 소멸되는 노동시장의 경우에는 재교육 등을 통해 새로운 노동으로의 이전을 준비시켜야 할 것이다. 더불어 기존 플랫폼 노동자들이 AI 기술로 인해 침해될 가능성이 있는 권리에 대해서도 선제적으로 법제도를 보완할 필요가 있다고 할 것이다.

참고문헌

김영선(2020). "디지털 신기술과 노동의 차별 및 감시, 부품화".

《사회통합연구》, 1(1).

김예진(2020). “채용절차에 있어서 인공지능의 차별 문제”. 《노동법연구》, 55.

김진형(2020). 《AI 최강의 수업》. 매일경제신문사.

장지연 외(2020). 《디지털시대의 고용안전망: 플랫폼 노동확산에 대한 대응을 중심으로》. 한국노동연구원.

06
AI와 장애인 인권

AI 기술의 발전은 장애인의 활동을 위한 보조 기술과 사회 활동을 위한 이용 제품의 수준을 고도화하고 정교화할 것이 분명하다. 그러나 AI 기술이 장애인의 개인적 편리함과 사회적 통합을 위한 의미 있는 보조 도구로서만 기능할 것인가에 대해서는 많은 고민이 있다. AI의 등장이 데이터의 편향성으로 인해 장애인에게 새로운 차별과 혐오를 가져다주지 않을지 염려되는 점이 없지 않다. 관련 입법의 제정 및 개정 노력과 더불어 관련자에 대한 감수성 향상을 위한 교육이 병행되어야 할 것이다.

AI와 야구?

AI와 장애인의 삶

기술의 발전은 장애인에게 개인적 편리함뿐 아니라 사회적 통합을 가능케 하는 중요한 디딤돌이 되어 왔다.

시각장애인의 경우, AI 기술의 확산은 인식 보조, 이동성 보조, 쇼핑 보조, 학습 보조, 기타 생활 보조 등의 영역에서 큰 도움을 제공하고 있다. AI 스마트 안경을 쓰면 강의자의 음성이 텍스트로 변환되어 안경에 표시되고, 그 강의 내용을 입력할 수 있는 것이 대표적인 예다. 점자책 완성에 수개월이 걸리던 일은 AI로 인해 하루면 충분해졌다. 구체적인 사례로 저시력 시각장애인에게 빛을 돌려주는 삼성전자의 '릴루미노'(스마트폰 앱과 글래스), 시각장애인의 눈이 되어 주는 스마트폰 앱인 투아트의 '설리번 플러스', 문자와 그래픽을 점자로 표현하는 닷 사의 스마트패드 '닷 패드' 등이 그것이다.

청각장애인의 경우에도 AI 활용은 캡셔닝, 듣기 보조, 수화 통역 등이 있으며, 지체장애인을 위한 AI는 음성인식, 자율화, 조작, 보완대체 의사소통 등이 있다. 자폐성 장애와 발달장애를 지닌 이들에게 AI는 진단뿐 아니라 치료의 영역까지 다양하게 활용되고 있다. 구체적인 사례로 청각장애인을 위한 실시간 음성인식 소프트웨어 '소보로(소리를 보는 통로)' 등이 있다.

중증발달장애인의 경우 구체적인 사례로 서울시, 대전시, 경기도에서 진행 중인 SK텔레콤의 '발달장애 도전행동 감지 · 중재 플랫폼 서비스'가 추진되고 있고, 시범사업 사례를 중심으로 AI 기술을 활용한 새로운 대안을 모색 중이다. 또한 'AI 발달장애인 돌봄(CareVia) 서비스'도 추진 중이다.

이 모든 기술의 발전, 특히 AI의 확대는 이동과 소통, 독립과 접근성 향상이라는 장애인 인권의 기본적인 틀을 새롭게 구축해 주고 있다.

유럽 장애 포럼(EDF, European Disability Forum)은 장애인의 삶의 질을 높일 수 있는 AI의 기회와 위험을 인식하고 유럽 장애인들의 목소리를 대변하고 있으며, EU의 AI법에 대한 유럽 장애 포럼 결의안은 모두를 위한 디자인(Design for All)에 중점을 두고 차별 금지와 평등 및 개인정보 보호에 대한 권리를 존중하는 방식에 주목하고 있다.

그러나 AI 기술의 발전이 장애인의 삶을 증진하는 도구이기만 한 것일까?

「유엔 장애인권리 협약」의 초안에 참여했고 유엔의 장애인 권리 특별보고관이기도 한, 리즈 대학교와 스웨덴 룬드 대학교 발렌베리 연구소의 법학교수 제라드 퀸

(Gerard Quinn)은 2021년 12월에 출간된 특별보고관 보고서(A/HRC/49/52: Artificial intelligence and the rights of persons with disabilities - Report of the Special Rapporteur on the rights of persons with disabilities)에서 AI 기술의 차별적 영향을 지적하고, 아울러 새로운 기술이 제기할 수 있는 광범위한 인권 문제에 대한 인식이 높아지고 있지만 장애인의 권리를 위하여 이러한 기술의 구체적인 문제에 대한 좀 더 집중적인 논의가 시급히 필요하다고 지적하면서, 향후 AI 기술에 대한 논쟁의 중심에 장애인의 인권이 있어야 한다고 주장한다.

이하에서는 AI 기술의 장애인에 대한 차별과 장애인의 AI 기술 접근에 대한 차별로 구별하여 살펴보고자 한다. 전자에서는 편향성의 극복, 고용에서의 차별 등을, 후자에서는 기술 접근권과 정보인권 등을 논의하고자 한다.

AI와 장애인에 대한 '편향성' 극복

미국 펜실베이니아주립대 정보과학기술과(IST) 연구진들은 2023년 12월 SNS 서비스가 장애인에 대한 AI 편향성에 악영향을 줄 수 있다고 밝혔다. 연구진은 고의적인 편향성뿐만 아니라 장애인에 대한 무의식적인 부정적 고정관념을 학습할 수 있다는 점을 증명했다. 나아가 연구팀은 '온라인 커뮤니티'가 자연어처리(NLP) AI 모델 장애 편향에 어떤 방식으로 악영향을 미칠 수 있는지에 대한 연구도 진행하였다. 그 결과 온라인 커뮤니티의 게시물, 댓글을 학습한 AI는 장애에 대해 훨씬 더 부정적 편향성을 드러냈다. 벤킷 IST 연구원은 "우리가 연구한 모든 AI 모델은 문맥상 의미를 고려하지 않고 '맹인'과 같은 장애 관련 용어가 들어가면 문장을 부정적이고 유해한 것으로 분류했다"며, "이는 장애와 관련된 용어에 대한 명시적인 편견을 보여준다"라고 우려했다.

AI와 장애인의 '고용'

장애인 고용 영역에서는 AI의 책임감 있는 사용을 통해서 장애인에 대한 사회적 포용과 평등한 대우, 일자리, 상품 및 서비스에 대한 접근성, 장애 서비스 개선, 건강 지원, 독립적인 생활 지원, 교육 등을 달성할 수 있다.

외국의 사례를 살펴보면 미국 뉴욕시의 경우 의회가 자동화된 고용 결정 도구(Automated Employment Decision Tool, AEDT)의 사용을 규제하고 있다. 이는 AEDT와 같은 알고리즘이 장애인의 고용과 승진에서 장애인 차별을 유발할 가능성을 고려하여 세밀한 사용 기준을 정하고 있다. 관련 법령은 시기, 정보 공개, 대안적 선발 절차, 합리적인 편의 제공 요청 등을 규정하고 있다.

AI와 장애인의 '기술접근권'

장시간 가정이나 시설에 머무르는 경우가 많은 중증장애인의 경우, AI 기반의 지능형 홈네트워크는 집 안팎의 정보통신 기기를 유기적으로 연동해 출입문뿐만 아니라 집안 가전기기를 자유롭게 조절할 수 있는 편리함을 제공한다.

하지만 터치스크린 기반의 기기를 조작하기 힘든 시각장애인이나 위치 조절이 어려운 지체장애인 등은 지능형 홈네트워크의 편리함을 누리지 못할 뿐 아니라 비밀번호조차 누르지 못해 자신의 집에 스스로 들어가지 못하는 등의 어려움을 겪고 있다. 2022년 5월 시각장애인 김예지 의원은 지능형 홈네트워크에 점자·음성 기능과 화면 낭독 프로그램 및 높이 조절 기능을 추가하는 등 지능형 홈네트워크 접근성을 보장하기 위한 내용을 담은 「주택법」 개정안을 발의했지만 입법화되지는 못했다.

AI와 장애인의 '정보 인권'

장애인 등의 돌봄 노동에 AI를 접목하려는 시도가 급격히 빨라지고 있으며, 일부 지자체는 민간 기업과 함께 사물 인터넷(IoT) 서비스를 중심으로 돌봄 서비스 시범사업을 진행하는 한편 정부는 디지털 뉴딜 사업에 '스마트 의료 및 돌봄 인프라 구축'을 포함시켰다.

정부 차원에서 추진되는 디지털 뉴딜 정책은 시범사업을 넘어 본격적인 정책으로 추진될 것이며, IoT와 AI를 활용한 비대면 돌봄 시범사업, 노인 및 장애인을 위한 돌봄 로봇을 개발하겠다는 내용을 담고 있다.

하지만 중증장애인 대상 AI 통합 돌봄 시스템의 체계를 짚어볼 때 AI 기술 도입과 관련하여 발생할 수 있는 문제들에 대해서는 인권적 측면에서 다양한 방면으로 들여다볼 필요가 있다.

해결책은?

AI 알고리즘에 의한 장애인에 대한 차별, 혐오 사례는 지속적으로 발생할 수 있는 위험성을 내포하고 있다.

이에 대한 국제적인 대응은 유엔과 EU 등을 중심으로 특히 미국 등에서 나름 체계적으로 이루어지고 있다. 하지만 이러한 국제적 흐름과 달리 국내에서는 구체적이고 체계적인 노력이 보이지 않는다는 것이 문제다.

AI의 장애에 대한 차별을 완화하기 위한 근본적 해결책은 '올바른 학습 데이터의 확보'다. 다만 이는 결코 쉬운 일이 아니다. AI에게는 교과서와 같은 온라인 공간 내에서 장애 혐오 표현 수위가 날이 갈수록 심해지는 추세이기 때문이다.

특히 코로나 19 팬데믹 이후 장애 관련 온라인 혐오 표현 수위는 훨씬 더 심해지고 있다. 지난해 문화체육관광부에서 실시한 '2022년 혐오 표현 관련 대국민 인식조사'에 따르면 전체 71%의 응답자가 온라인 공간에서 장애인 혐오 표현을 경험한 적이 있다고 답했다. 연령별로는 온라인 커뮤니티를 자주 사용하는 30대 이하 젊은 층(15~19세 39.2%, 20대 45.8%, 30대 40.7%)이 타 연령 대비 높았다.

전창배 국제인공지능윤리협회(IAAE) 이사장은 ≪시사위크≫와의 통화에서 "AI 편향성 문제는 사실 단기간 해결이 쉽지 않다"며 "우리 인간과 사회가 전체적으로 공정, 투명해지고 시민의식이 더 성숙해질 때 자연스럽게 개선될 수 있다"라고 지적했다.

결국 현재로선 완전히 '깨끗한 데이터'를 얻는 것이 불가능한 상황이다. 이에 따라 AI 분야 전문가들은 유해 데이터를 여과시킬 수 있는 기술 확보가 관건이라고 강조한다.

이와 관련한 기술 개발도 적극 이뤄지고 있는 추세다. IBM과 구글, 마이크로소프트 등 글로벌 AI 개발기업들의 경우 각각 'AIF360', 'What if Tool', 'Fairlearn' 등의 AI 편향성 측정 알고리즘을 개발 · 적용 중이다. 국내에서는 KAIST 인공지능 공정성 연구센터에서 AI 편향성 교정 · 진단 시스템 'MSIT AI FAIR 2022'를 지난해 개발한 바 있다. 이 기술들의 경우 대체로 '인종차별' 관련 AI 편향성을 줄이기 위해 제작된 것들이다. 이를 장애 관련 문제에 응용할 수 있다면 우수한 해결책이 될 수 있을 것으로 기대된다.

심지어 과학기술정보통신부 산하 정보통신기술(ICT) 공공기관 3곳에서 장애인 지원자를 고려하지 않은 채 AI 면접을 시행했다는 사실이 밝혀지기도 하였다. 장애인과 비장애인이 같은 AI 면접을 볼 경우 높은 점수를 받으려면 표정과 어조, 태도 분석에서 발음이 정확하고 안정적인 자세가 요구되는데, 이러한 기준 적용은 장애인 고용에서 차별을 유발할 수 있는 것이다.

나아가 국내에서는 'AI와 인권' 영역의 보고서는 출간되어 있으나 '장애인과 AI' 관련한 연구는 아직 부족하고, 구체적인 대책도 마련되어 있지 않다. 향후 연구와 기술 개발, 입법과정에서 유념해야 할 주제는 무엇일까?

우선 각 단계별로 인권 영향 평가를 수행하여 AI 기술의 내부적 논리 구조인 알고리즘이 투명하게 관리되고, 그 과정이 설명되며, 관련자들이 책임을 갖고 일체의 과정을 모니터링하면서 AI 기술이 장애인의 삶과 권리를 향상하는 방향으로 전개되도록 통제할 필요가 있다.

이후 구체적인 기준에 대한 입법적 노력이 전개되는 과정에서 정부나 국회뿐 아니라 장애인 인권단체나 장애인 당사자의 목소리가 반영될 수 있도록 끊임없는 소통과 협력이 필요하다 할 것이다.

끝으로 장애인 당사자들에 대한 AI 관련 교육이 필요하다. 특히 장애 아동과 청소년들에 대한 AI 교육은 이제 필수적이라 할 것이다(유정수, 2020).

참고문헌

권정민 · 이영선(2020). "장애인을 위한 인공지능 활용 동향". 《한국초등교육》, 31(특집호).

유정수(2020). "장애 학생들을 위한 인공 지능(AI) 교육 프로그램에서 고려할 사항 및 교육 프로그램 예시". 《한국정보통신학회 2020년도 여성ICT위원회 학술대회 논문집》.

Quinn, G.(2021). *Artificial intelligence and the rights of persons with disabilities.* A/HRC/49/52.

07
AI 윤리 대 AI 법률

AI 기술이 발전할수록 시민들, 특히 사회적 약자들의 인권 보호와 보장을 위해 AI 이해관계자들이 준수해야 할 보편적 사회 규범 및 관련 기술인 AI 윤리에 대한 정립이 필요하다. 다만 AI 기술과 관련된 다양한 인권 문제들과 관련하여 단지 윤리적인 차원에서의 접근이 타당한 것인가는 또 다른 문제이다. 왜냐하면 윤리를 넘어선 법적 규제로 나아가기 위해서는 보호의 대상이 되는 시민들과 함께 보호의 주체이며 법령의 수범자가 되어야 할 AI 기술 관계자들의 적극적인 참여가 불가피하기 때문이다.

AI와 윤동주?

AI 인권보장 유형

인권 보장 체계는 크게 '윤리'와 '법률'로 구성되어 있다. 예를 들어 사회 내 소수자들에 대한 보호가 필요하다는 당위성을 토대로 소수자들의 인권을 보장하기 위한 윤리적인 기준이 설정될 수 있으나, 얼마 지나지 않아 윤리적인 차원의 보장만으로는 부족하다는 현실에 직면하게 되고 이어 법적인 보호 단계로 이행될 수밖에 없다(이상직, 2022).

하지만 법률 제정만이 능사가 아닌 것도 분명하다. 특히 AI 기술과 같이 아직 구체적인 침해 사례와 규율 판단이 축적되지 않은 영역에서는 섣부른 입법이 기술 발전을 가로막을 수 있기 때문이다.

나아가 법률보다 윤리적인 기준 정립을 권하는 이유는, 법률이 가장 강력하고 명확한 제재 방법이긴 하나 제정 과정에서의 시간 소요, AI 기술의 빠른 변화로 인해 행정법적 규제나 형사적 제재가 적합하지 않은 영역이 새롭게 등장할 수 있음을 고려한 결과이기도 하다[선(先)윤리 후(後)법률적 접근법(김명주, 2022)].

AI '윤리'의 필요성

AI의 학습 알고리즘은 방대한 데이터를 기초로 하는 일종의 통계적 추론인데, 여성, 장애인, 유색인종 등 소수 집단의 데이터는 수집이 어렵기 때문에 알고리즘이 학습하는 데이터에도 편향성이 생길 수 있다는 점은 이미 살펴본 바와 같다. 그렇다면 이러한 편향성을 법으로 규제할 수 있을까. 아마도 많은 독자들은 이러한 규제가 불가능하고 실효성도 없음을 직감하게 될 것이다. 따라서 1차적으로 AI 기술에 내재된 가장 본질적인 문제인 '편향성'에 대해서는, AI 이해관계자들이 준수해야 할 보편적 사회 규범 및 관련 기술인 AI 윤리(AI Ethics)를 통해서 규제되는 것이 필요하다는 공감대가 형성되고 있다.

우선 AI 기술의 사용이 비윤리적으로 보이는 사례를 살펴보면서, 이러한 비윤리적인 판단이 왜 나오는지, 어떻게 교정할 수 있는지를 살펴보도록 하자. 첫째, 만약 AI 기술을 대량살상무기로 활용한다면 어떤가? 이러한 AI 기술의 비윤리적 사용은 머지않은 장래에 AI를 탑재한 군사용 로봇과 드론의 등장으로 현실화될 것이다. 둘째, 최근 문제가 되고 있는 딥페이크는 AI 기술의 대표적인 악용 사례라 할 수 있는데, 이는 개인의 프라이버시와 개인의 존엄을 파괴하는 말 그대로 비윤리적인 활용이라 할 것이다.

AI 윤리의 구체적인 내용

2017년 1월 인공지능 연구자와 학자들이 미국 캘리포니아 아실로마에 모여 인공지능이 가져올 가능성과 위협, 그 기술이 인류에 혜택을 줄 수 있도록 할 방안을 토론한 결과물이 바로 "아실로마 AI 원칙(Asilomar AI Principles)"이다. 이 원칙에는 SF 작가 아이작 아시모프(Isaac Asimov)의 유명한 '로봇 3원칙(Three Laws of Robotics)'을 연상시키는 23원칙이 포함되어 있는데, 그중 가장 중요한 것은 마지막 23번째 원칙으로 제시된 '공동선(Common Good)'이라 할 수 있을 것이다(我妻幸長, 2021).

국내의 AI 윤리 기준에 대해서는 뒤에 자세히 검토해 보겠으나, 여기서는 과기정통부가 마련한 "AI 윤리 기준"을 대표적으로 살펴보면서 AI의 규제를 위한 윤리 기준의 큰 틀을 살펴보기로 한다.

우선 위 윤리 기준은 '사람 중심의 AI'에서 최고 가치인 '인간성(Humanity)'을 위한 3대 기본원칙과 10대 핵심요건을 제시하고 있다.

주요 내용은 다음과 같다. 먼저 목표 및 지향점과 관련하여, 모든 사회 구성원이 모든 분야에서 자율적으로 준수하며 지속 발전하는 윤리 기준을 지향한다는 것이다.

구체적인 기준은 ① AI 개발에서 활용에 이르는 전 단계에서 정부 · 공공기관, 기업, 이용자 등 모든 사회 구성원이 참조하는 기준, ② 특정 분야에 제한되지 않는 범용성을 가진 일반 원칙으로, 이후 각 영역별 세부 규범이 유연하게 발전해 나갈 수 있는 기반 조성, ③ 구속력 있는 '법'이나 '지침'이 아닌 도덕적 규범이자 자율 규범으로, 기업 자율성을 존중하고 AI 기술 발전을 장려하며 기술과 사회 변화에 유연하게 대처할 수 있는 윤리 담론을 형성, ④ 사회경제, 기술 변화에 따라 새롭게 제기되는 AI 윤리 이슈를 논의하고 구체적으로 발전시킬 수 있는 플랫폼으로 기능한다는 것이다.

나아가 윤리 기준이 지향하는 최고 가치를 인간성으로 설정하고, '인간성을 위한 AI(AI for Humanity)'의 3대 원칙 · 10대 요건도 제시하고 있다.

3대 기본 원칙이란 인간성을 구현하기 위해 AI의 개발 및 활용 과정에서 ① 인간의 존엄성 원칙, ② 사회의 공공선 원칙, ③ 기술의 합목적성 원칙을 지켜야 한다.

10대 핵심 요건은 위와 같은 3대 기본 원칙을 실천하고 이행할 수 있도록 AI 개발부터 활용까지 전 과정에서 ① 인권 보장, ② 프라이버시 보호, ③ 다양성 존중, ④ 침해 금지, ⑤ 공공성, ⑥ 연대성, ⑦ 데이터 관리, ⑧ 책임성(또는 책무성), ⑨ 안전성(또는 통제성), ⑩ 투명성의 요건이 충족되어야 한다고 규정하고 있다.

그중 가장 중요한 기본 원칙을 공공성(Publicness), 책무성(Accountability), 통제성(Controllability), 투명성(Transparency)으로 요약할 수 있고, 이를 PACT라고 부르고 있다(김명주, 2022).

AI 법률의 필요성

AI 기술의 확산으로 인한 시민과 사회적 약자들의 인권 침해를 보장하기 위해서는 '윤리적' 차원의 자발성만을 기대해서는 안 되는 경우가 있다.

이미 살펴본 바와 같이 AI 기술로 인해 고용상의 차별을 경험한 노동자는 미국 일리노이주나 뉴욕시에서 제정한 「인공지능 영상면접법」, 「자동화된 채용 결정 도구에 관한 법」과 같은 법률의 제정을 기대할 수밖에 없을 것이다. 아무리 윤리적인 기준으로 '사람 중심', '인간 기준'을 외치더라도, AI에 의해 구축된 채용 기준을 변경하지 않는 사용자에 대한 규제와 벌칙이 없는 경우 인권 침해에 효과적인 안전망 구축은 쉽지 않을 것이다.

하지만 국내 인공지능 관련 법안들은 주로 인공지능

자체의 진흥이나 규제 등을 목적으로 발의된 법안으로 일부 사업자의 책무와 이용자의 권리를 구체적으로 규정하는 내용 등이 포함되어 있을 뿐, 직접적으로 시민과 사회적 약자들의 인권 보장을 위한 법률안이 제안되거나 입법되는 단계에는 이르지 못하고 있는 것이 현실이다.

AI 법률의 구체적인 내용

위와 같은 현실을 반영해 볼 때, 시민들이나 사회적 약자들을 위한 인권보장체계는 현재로서는 개별 법률에서의 추가적인 입법이나 개정 절차를 기대할 수밖에 없을 것이다.

그중 위에서 한 번 언급된 바 있는 「채용절차의 공정화에 관한 법률」의 내용과 개정안을 비교 검토해 보고자 한다. 현행 법률 제8조(채용일정 및 채용과정의 고지)의 '구인자는 구직자에게 채용 일정, 채용 심사 지연의 사실, 채용 과정의 변경 등 채용 과정을 알려야 한다'라는 내용 뒤에 신영대 의원의 법률안은, AI 채용 시 평가 방식, 알고리즘 작동 방법 등 사전고지 의무(안제8조의2 제1항), 지능정보 취약계층 보호 의무(안제8조의2 제2항), 기술 점검 의무(안제8조의2 제3항) 등을 추가하는 것이다. 또 개인정보 보호와 관련하여 기존의 「개인정보 보호법」에 대한 개정 의견, 개인정보의 개념 재정의, 개인정보 처리자 개념 재정의, 정보 주체의 권리 보장 강화를 위한 개인정보 처리방침 제도 개선 등을 담은 개정 의견도 제기되고 있다(박미사, 2024).

왜 자주 무시되는가?

아직 개별적으로 관련 법률에 AI 기술이 반영된 인권보장체계가 구체적인 개정안으로 입법화되지 못한 상황인지라, 윤리 기준으로 당분간 과도기적인 규제를 행할 수밖에 없을 것이다.

하지만 안타깝게도 '윤리 기준'이 왜 이토록 제대로 작동하지 못하는가라는 현실 분석이 필요한 상황이다.

우선 AI 거버넌스 논의에서 인권 이슈가 자주 소홀해지는 이유는, 일반적으로 AI 업계의 소프트웨어 개발자 및 기타 관계자가 책임 있는 AI에 대한 논의에 인권 커뮤니티의 어느 누구도 참여시키지 않는다는 데 있다. 책임 있는 AI에 관한 최대 규모의 국제회의에서도 인권에 초점을 맞춘 논문이나 패널이 현저히 부족하다. AI 기업의 내부 윤리 전문가에 대한 구인 광고에서도 인권 분야 전문가에 대한 언급은 찾을 수 없다. 나아가 심지어 정부마

저도 정책 개발의 마지막 단계에서야 비로소 인권 변호사를 참여시키기도 한다. 결국 인권에 대한 특정 통념은 AI 거버넌스 논의에 참여하는 사람들에 의해 무시되는 경우가 너무 많다는 점이다.

다음은 AI 관련 인권 이슈에 대한 오해가 가장 큰 걸림돌이 되는 경우가 있다. 케이트 존스(Kate Jones: CEO of the Digital Regulation Cooperation Forum)가 소개하는 대표적인 오해 몇 가지를 들면 다음과 같다(Kate Jones, 2023). ① AI 윤리만 준수하면 인권 문제도 자동적으로 해결된다는 생각, ② 인권 이슈는 혁신을 방해한다는 생각, ③ 인권 쟁점은 너무 복잡하고 비용이 많이 든다는 생각, ④ 인권 이슈는 정부와 관련된 것이라는 생각, ⑤ 인권 쟁점은 너무 급진적이라는 생각, ⑥ 인권 이슈는 너무 모호한 결론에 이른다는 생각, ⑦ 인권 주장을 따라가다 보면 결국 일을 그르치고 만다는 생각 등이라고 한다.

하지만 이러한 오해는 반드시 교정되거나 불식되어야 한다. 왜냐하면 인권적 관점의 접근은 안전한 AI 기술의 발전에 필수불가결한 요소이기 때문이다. 인권의 로드맵을 따라가면 AI는 피해야 할 함정에 빠지지 않게 된다. 나아가 인권 규범을 준수하게 되면 국내적인 법령 준수와 국제적인 기준 등을 자연스럽게 충족하게 되는 효과도 얻게 된다. 인권 규범은 국제적인 차원에서의 윤리의 결정체이기 때문이다(Mantelero, A. & Esposito, S., 2021).

어떻게 극복할 것인가?

위에서 우리는 AI 기술을 규제하고 인권보장의 큰 틀을 지지하는 환경을 만들기 위한 윤리 기준의 정립을 살펴보았다.

하지만 그 과정에서 윤리 기준의 정립과 호소만으로는 AI 기술이 인권 친화적으로 변경될 수 없음을 확인하기도 하였다.

따라서 우선 국회로 하여금 개별 관련 법률에 대하여 AI 기술 확산으로 인해 발생할 인권 침해적 상황을 인식하게 하는 한편, 기술 발전에 맞춰 관련 법률을 개정하는 작업을 꾸준히 추진해야 한다. 예를 들어 AI 기술이 제조업에 확산되면서 EU가 1985년의 제조물책임법을 전면 개정한 새로운 법(Product Liability Directive)을 2024년 12월 9일부터 시행한 예가 대표적이다.

나아가 장기적으로는 2025년 1월 제정된 「인공지능기본법」의 모체인 「정보화촉진기본법」(1995년 제정), 이를 전면 개정한 「국가정보화기본법」(2009년 전면 개정)의 연장선에서 접근했기에 다소 한계가 존재하나, 이를 토대로 향후 「인권정책기본법」이 제정되면, AI 기술로 인한 다양한 인권 침해 상황을 해결할 인권보장체계가 마련될 수 있으리라 기대된다.

참고문헌

김명주(2022). 《AI는 양심이 없다》. 헤이북스.

박미사(2024). "인공지능(AI) 시대 「개인정보 보호법」의 한계와 개선방안에 관한 고찰". 《서강법률논총》, 13(3).

이상직(2022). 《나는 인공지능을 변호한다》. 이다북스.

我妻幸長(2021). *あたらしい脳科学と人工知能の教科書*. 翔泳社.

Jones, K.(2023). *AI governance and human rights resetting the relationship*. Research Paper, International law programme.

Mantelero, A. & Esposito, S.(2021). An evidence-based methodology for human rights impact assessment(HRIA) in the development of AI data-intensive systems. *Computer & security law review*.

08
보장 규범을 향한 국제적 기획

국제적으로 AI의 윤리적 문제 해결을 위한 AI 윤리 원칙의 수립 등 AI 기술의 활용과 관련된 신뢰성 확보를 위한 다양한 논의가 진행되고 있다. 최근에는 '자율적' 규범 강화를 넘어선 '타율적'인 통제 규범의 수립을 위한 노력도 함께 진행되고 있다. 하지만 AI 규제를 위한 각국의 지침이나 가이드라인, 법률 제정 노력은 다소 신중함이 필요해 보인다. 더불어 향후 통일적인 기준 정립을 위해 이는 인권 보장의 레짐(regime)이나 프레임워크 간에 상호 보조를 맞추면서 진행되어야 할 것으로 보인다.

AI와 한의학?

AI 윤리 국제 지침의 주요 쟁점

국제적인 AI 윤리지침의 주된 쟁점은 AI 제어, 인권, 공정성, 비차별, 투명성, 책무성(Accountability), 신뢰(Trust), 악용, 오용, 개인 정보 보호, AI 에이전트(agent), 안전, SDGs, 교육, 독점 금지 · 협조, 정책, 군사 이용, 법률적 위치 설정, 행복 등 참으로 다양한 주제들을 포괄하고 있다(中川裕志, 2020).

그중에서도 이 책의 주된 주제인 인권과 관련하여서는 '신뢰 가능한 AI(Trustworthy AI)'가 주요한 쟁점으로 떠오르고 있다.

우선 '신뢰 가능성'을 인권의 영역에 구체적으로 적용해 보면 '공평성(Fairness)' 또는 '비차별(non-discrimination)' 등의 개념이 중요한바, 먼저 AI 영역에서도 공평성이라는 쟁점을 구현하는 것은 쉽지 않다. 따라서 다소 소극적인 접근 방법을 모색해 볼 수 있는데, 이것은 공평성이나 비차별에 직접적인 영향을 미치는 다양한 편견(bias)을 AI 기술에서 배제하는 전략이다. 결국 '신뢰 가능하다'는 것은 편견이 없다는 말로 대치될 수 있는 것이다. 이미 AI 기술의 발전 단계에서 편견 유발의 근거인 데이터를 활용할 때, 각 데이터의 다양한 속성, 예를 들어 성별, 인종, 연령 등 중에서 '공평'하게 취급해야 할 속성이 결정되면 AI에 의한 판단이 그 속성에 대해 '공평'하도록 제약하는 방법은 많은 기술적 보완이 이루어지고 있다. 다른 영역에서 평등을 고려할 때 자주 언급되는 우대정책(affirmative action)은 AI 기술 영역에서도 역차별로 귀결될 가능성이 있다. 그렇다면 공정성과 비차별을 담보할 구체적인 전략은 무엇인가? 바로 AI 기술에 대한 '설명 가능성'과 AI가 일으킨 사고에 대한 '책임의 명확화'라고 할 수 있고, 후자를 나카가와(中川) 교수는 답책성(答責性)이라고 부르고 있는데 이는 영어의 'accountability(책무성)'와 동의어라 할 수 있다(中川裕志, 2020). 이를 정리하면 '설명 가능성'과 '책임 명확화'를 통해 '투명성'이 확보되고, 사고 발생 시 '보상과 구제'가 원활해짐으로써 AI 기술 사용에 대한 '신뢰가 보장'된다는 것이다.

여기서 향후 다양한 윤리적 법적 기준 정립 시 논의되는 중요한 개념 하나를 정리할 필요가 있다. 바로 AI 에이전트라는 개념이다. AI 에이전트는 환경과 상호 작용하고 데이터를 수집하고 데이터를 사용하여 사전 결정된 목표를 달성하기 위해 필요한 작업을 스스로 결정해서 수행할 수 있는 소프트웨어 프로그램인데, 사람이 목표를 설정하면 AI 에이전트는 목표를 달성하기 위해 필요한 최적의 조치를 독립적으로 선택한다. 예를 들어 고객 문의를 해결해야 하는 상담 센터 AI 상담원을 생각해 보자. 상담원은 자동으로 고객에게 여러 질문을 하고, 내부 문서의 정보를 조회하고, 해결책을 찾아 대응한다. AI 기술로는 사업자가 제시하는 개인 데이터의 이용법과 스스로 결정한 조건의 일치 여부 판단을 실행하는 추론 처리, 또 다른 유사한 서비스와의 비교 등을 실행하기 위한 정보 수집, 조건의 타협 등 인간이 통상 실행하는 지적 처리가 상정된다. 이러한 AI 에이전트는 데이터 보안의 문제와, 불공정, 편향, 부정확 등의 결과가 도출되지 않도록 하는 보조 장치 도입 등의 문제에 직면하게 된다.

윤리지침의 변천 과정

초기 AI 기술과 관련한 윤리지침의 제정은 민간단체가 선언문을 작성하는 데서 출발했다. 민간 기관은 완전히 정교한 법적 제도를 대체할 수는 없지만, 좀 더 분산화된 규제 제도의 점진적인 형성에 기여해 왔다.

이후 AI 윤리지침의 제정에 최초로 관심을 가진 국가 단위의 공적 기구는 EU라 할 수 있다. 이후 미국, 중국, 영국과 같은 다른 국가들도 규제 체계를 마련하기 위해 노력하고 있지만, 지금까지 일관된 법적 체계를 마련하지는 못했다.

이하에서는 EU를 비롯해 각국의 윤리지침의 제정과정을 살펴보고자 한다.

유럽 연합

유럽의 경우 2018년 4월 "AI 전략(EU's AI Strategy)"과 같은 해 5월 "EU 일반데이터보호규정(GDPR, General Data Protection Regulation)"에 자동화된 의사 결정 알고리즘에 대한 개인정보 주체의 권리를 명시하여 이를 제정, 시행하였다. 2024년 1월 이탈리아에서는 챗GPT가 개인정보 규칙을 위반했다는 이유로 데이터 사용 허락 요구 시 사실상 서비스 불가라는 조치를 내린 바 있다(福岡真之介・松下外, 2023).

유럽 AI 고위전문가 그룹(The European Commission's High Level Expert Group on Artificial Intelligence, AI HLEG, 2019)은 "신뢰 가능한 AI를 위한 윤리 가이드라인(Ethics Guidelines for Trustworthy AI)"을 통하여 3가지 구성요소 및 7가지 원칙을 발표했으며, 이후 이를 실현하기 위한 정책 보고서 발간 및 법・제도 논의가 이루어지기 시작했고 이에 따라 《AI 백

서(White Paper on Artificial Intelligence-A European approach to excellence and trust)》(2020)가 발간되었다(古川直裕 外, 2021).

2020년 7월에는 '신뢰할 수 있는 AI를 위한 7가지 핵심 요구사항'을 놓고 AI 시스템 및 주변 거버넌스의 적합성에 대한 자체 평가를 수행할 수 있는 "신뢰할 수 있는 AI를 위한 자체 평가 목록(The Assessment List for Trustworthy Artificial Intelligence, ALTAI)"을 발표하여 사용자 스스로 가이드라인과 관련된 조치를 조사하고 이행했는지 확인할 수 있게 하였다.

2021년 4월 EU 집행위원회(European Commission)는 유럽의회(European Parliament)에 대하여 AI의 신뢰성 제고 및 미래 변화에 대한 대비를 위해 AI를 활용하는 개인의 안전과 기본권 확보를 목표로 한 「AI에 관한 통일 규범」, 즉 「AI 법(Artificial Intelligence Act)(안)」을 마련하였다(손영화, 2021).

2023년 6월 유럽의회가 생성형 AI 모델을 파운데이션 AI 모델에 포함하고 생성형 AI 시스템을 '고위험 AI'로 분류할 수 있도록 추가한 「개인정보 보호법 AI 법(안)」의 수정안을 채택하였는데, 가장 큰 특징은 '위험 기반 접근법(Risk-based approach)'을 제안하고 있다는 점이다. 즉, AI 시스템이 인간의 건강과 안전, 기본권에 미치는 위험의 정도에 따라 ① 허용 불가(용납할 수 없는, unacceptable), ② 고위험(high risk), ③ 제한된 위험(저위험, limited risk), ④ 최소 위험(minimal risk)으로 구분을 시도한 것이다. 이 법안은 세계 첫 AI 규제법으로 2024년 공포, 발효되고, 2026년 완전 시행이 확정되어 EU가 세계 최초로 마련한 포괄적 성격의 AI 규제법이 되었다(박혜성 외, 2021; 이상직, 2022).

미국

미국은 EU와 같은 법률 형식의 규제 방식을 취하지 않고, 대통령이 발표하는 집행명령을 통해 AI 규제의 방향성을 제시하고 있다.

2019년 2월 트럼프 행정부의 집행명령인 「연방정부에서 신뢰할 수 있는 AI 활용촉진(Executive Order 13859, 13960-Promoting the Use of Trustworthy Artificial Intelligence in the Federal Government)」에서는 각 행정기관이 AI를 사용하는 데 프라이버시, 시민권, 시민의 자유 및 미국의 가치를 보호하고 대중의 신뢰를 촉진하는 방식으로 AI를 설계 · 개발 · 채택 · 활용하기 위한 원칙을 제시했다. 위 행정명령에 기초하여 '미국 인공지능 발전계획(American Artificial Intelligence Initiative)'을 수립하였고, 2019년 4월에는 미국 하원이 연방거래위원회(Federal Trade Committee, FTC)에 알고리즘과 관련한 권한을 부여하는 「알고리즘 책임법안(Algorithmic Accountability Act of 2019)」이 발의되었다. 이를 토대로 FTC는 "AI 및 알고리즘 사용에 대한 지침(Using Artificial Intelligence and Algorithms, 2020)"을 발표하였는데, 이 지침은 기업이 AI 및 알고리즘을 사용하는 과정에서 소비자에게 발생할 수 있는 위험을 어떻게 관리할지에 대한 방향을 제시하기 위해 만들어졌다(福岡真之介・松下外, 2023).

2022년 5월 미국 평등고용기회위원회(EEOC, Equal Employment Opportunity Commission)가 법무부와 함께 발표한 "AI와 알고리즘 공정성 이니셔티브(Artificial Intelligence and Algorithmic Fairness Initiative)"에서는 「미국 장애인법(ADA, American Disabilities Act)」을 위반해 장애인에 대한 불법적인 차별이 초래될 수 있음을 경고하고 해소 방안을 제시하고 있다.

2023년 10월 「AI의 안전하고 신뢰할 수 있는 개발 및 사용에 관한 집행명령(Executive Order on the Safe, Secure, and Trustworthy Development and Use of

Artificial Intelligence)」이 발표되었는데 이때부터 기존의 '연성(軟性)' 기조에서 '강성(强性)' 기조의 AI 규제로 변화하는 모습을 보였다. 특히 AI 관련 안전과 보안, 신뢰성을 위한 대응 방안 마련 등 8가지 원칙을 바탕으로 AI의 개발과 활용을 위한 기준을 제시하고 있다.

캐나다

캐나다는 1970년대부터 'AI 자동번역 시스템'을 개발한 나라로 유명하다. 토론토 대학의 제프리 힌턴 교수가 세계 최초로 '딥러닝 방법론'을 발표한 것도 기억할 만하다. 이러한 배경에서 2017년 3월 세계 최초로 '범 캐나다 AI 전략(Pan-Canadian AI Strategy)'을 발표하기도 했다.

2019년 "캐나다 디지털 헌장 이행 계획(Canada's Digital Charter in Action)"을 수립한 후 같은 해 "자동화된 의사 결정에 대한 지침(Directive on Automated Decision-Making)"을 발표하였는데, 그 내용은 자동 의사 결정 시스템의 사용과 관련된 신뢰를 확보하기 위해 각국에서 제시하고 있는 윤리 규범 및 원칙의 내용을 바탕으로 캐나다 공공영역에서 사용되는 AI 기술을 규제하려는 목적을 담고 있었다.

2022년 "디지털 헌장(Digital Charter)"을 이행하기 위

하여 「디지털 헌장 이행법안(Digital Charter Implementation Act, Bill C-27)」을 발의하였는데, 내용은 AI 시스템의 설계 · 개발 · 이용 등에 관한 공통 기준을 설정하여 AI 시스템의 통상 · 무역을 규제하고, 심각한 피해를 야기할 수 있는 AI 시스템의 특정 행위를 금지하기 위해 AI 시스템의 설계 · 개발 · 활용 목적으로 인간 활동과 관련한 데이터를 처리하는 경우에 AI 시스템의 설계 · 개발 · 활용 · 관리하도록 하는 것이었다.

일본

2017년 일본 AI학회가 "일본 AI학회 윤리지침(日本 人工知能学会 倫理指針)"을 제정하였는데, 핵심적인 내용은 AI 연구자로 하여금 AI가 인간 사회에 유익한 것이 되도록 하기 위하여 최대한의 노력을 할 것을 권고하고, 스스로의 양심과 양식에 따라 윤리적으로 행동하여야 한다는 내용을 담고 있다.

구체적으로 살펴보면 인류에의 공헌(1조), 법규제의 준수(2조), 다른 사람의 프라이버시 존중(3조), 공정성(4조), 안전성(5조), 성실한 행동(6조), 사회에 대한 책임(7조), 사회와의 대화와 자기 계발(8조), AI에 대한 윤리 준수 요청(9조) 등을 규정하고 있다.

2019년 3월 일본 정부는 "인간 중심의 AI 사회 원칙안(人間中心のAI社会原則案)"을 제시하고 AI 사회 실현을 위한 7가지 원칙(① 인간중심, ② 교육/리터러시, ③ 프라이버시 확보, ④ 보안 확보, ⑤ 공정 경쟁 확보, ⑥ 공평성, 설명 책임 및 투명성, ⑦ 혁신)을 발표했다(河島茂生, 2019).

일본에서는 민간기업의 윤리지침 제정도 활성화되고 있다. 최근 일본의 3대 이동통신사 중 하나인 소프트뱅크(SoftBank)가 AI의 활용이나 연구 개발에 관한 기본 지침을 정한 "소프트뱅크 AI 윤리 정책"을 책정했다고 밝혔는바, 핵심적인 내용은 인간 중심의 원칙, 형평성의 존중, 투명성과 설명 책임 추궁, 안전성 확보, 사생활 보호를 위한 보안의 확보, AI 인력의 리터러시 육성 등 총 6가지 항목 지침으로 구성되어 있다.

2023년 5월부터 AI 전략회의(AI戦略会議)가 내각부 산하에 설치되어 정부의 AI 전략을 통합하는 주체가 마련되고 여기서 2024년 4월에는 "AI 사업자 가이드라인(제1.0판)"을 발표하였는데, 이는 강제력이 있는 법률이 아니라 AI 관련 사업자(개발자, 제공자, 이용자)들이 자율적으로 준수하도록 노력할 것을 촉구하는 권고를 내용으로 하고 있다(연성규제방식)(福岡真之介・松下外,

2023).

중국

중국에서는 2017년 7월 AI 개발을 위한 국가 전략 "차세대 AI 개발 계획(New Generation Artificial Intelligence Development Plan, AIDP)" 발표 이후 다양한 AI 윤리 원칙이 발표되기 시작하였다.

2019년 6월 "차세대 AI 거버넌스 원칙 – 책임 있는 AI 개발(新一代人工智能治理原则 – 发展负责任的人工智能)"을 발표하여, 안전하고 통제 가능하며 신뢰를 보장하는 AI 기술 개발을 위한 8가지 원칙을 제시하였다.

2021년에는 위 원칙들을 구체화하기 위한 "차세대 AI 윤리규범(新一代人工智能伦理规范)"을 발표하고, AI 관리 · 연구 개발 · 공급 · 사용 등과 관련된 활동에 종사하는 자연인, 법인 및 기타 관련 기관 등을 위한 윤리지침도 제시하였다.

2020년 국가발전 5개년 계획인 "중국 표준 2035(中国标准 2035)"를 통해 중점 과학기술에 AI 기술을 포함하고, 중국형 과학기술 표준의 세계화를 목표로 명시하였다.

2023년 7월 생성형 AI의 허용 범위, 준수 의무, 위반

시 조치, 벌칙 등의 내용이 담긴 "생성형 AI 서비스 관리 잠정 방법(生成式人工智能服务管理暂行办法)"을 발표하였는데, 여기에는 생성형 AI 서비스 제공 · 이용 관련 관리 · 감독 체계에 대한 내용은 물론 기술 개발 촉진, 데이터 처리 활동 및 데이터 라벨링 교육에 대한 요구사항뿐만 아니라 인종 · 민족 · 성별 등에 대한 차별 방지, 개인정보 및 미성년자 보호 관련 내용 등도 포함하고 있다.

국제적 조약의 현황

AI 윤리지침과 관련한 국제적 단위의 조약이나 협약은 OECD 차원에서 2019년 "신뢰할 수 있는 AI를 위한 원칙"이 처음 채택되어 2024년 5월에 개정되었다. 이 원칙은 AI 주체가 신뢰할 수 있는 AI를 개발하고 정책 입안자에게 효과적인 AI 정책에 대한 권장 사항을 제공하도록 하여, 회원국들이 OECD AI 원칙과 관련 도구를 사용해 정책을 형성하고 AI 위험 프레임워크를 만들어 관할권 간의 글로벌 상호 운용성을 위한 기반을 구축하도록 돕고 있다.

또한 "G7 AI 원칙 및 행동 강령(G7 AI Principles and Code of Conduct, AIP&CoC)"은 G7 '히로시마 AI 프로세스(広島 AI Process)'를 통해 이루어진 것으로 G20에

서도 채택한 2019 OECD AI 원칙을 기반으로 하며, 안전하고 보안이 유지되며 신뢰할 수 있는 AI에 대한 미국 행정 명령, 캐나다 법안 C-27 AI 및 데이터 법과 영국에서 주최한 AI 안전 정상회담, 유럽 의회의 AI, 인권, 민주주의 및 법의 지배 협약, 유엔 글로벌 디지털 협약, EU AI 법도 참고하여 제정된 것이다.

나아가 2019년 IEEE(국제전기전자기술자협회)에서 발표한 "윤리적 인공지능 시스템 개발을 위한 설계 계획(The IEEE Global Initiative on Ethics of Autonomous and Intelligent Systems)"에서는 일반 원칙으로, ① 인간 권리의 최고 이념 구현, ② 인류와 자연환경의 최대이익 우선시, ③ 인공지능 및 자율 시스템이 사회적 기술 시스템으로 진화 과정에서의 위험 요소와 부작용 경감을 주된 내용으로 하고, 자율 지능 시스템에 가치 구현하기, 윤리적 연구 및 설계 가이드 방법론, 범용인공지능(Artificial General Intelligence, AGI)과 초인공지능(Artificial Super Intelligence, ASI)의 안전 및 혜택, 개인 데이터 및 개인 접근 통제, 자율 무기 시스템을 재구축하기, 경제적 및 인도주의적 쟁점, 법률 등을 담고 있다.

끝으로 2022년 9월 유엔 시스템 최고경영자 조정위원회는 2022년 7월 회의에서 원칙을 승인한 '고위 프로그램 위원회(High-level Committee on Programmes, HLCP)'를 통해 개발된 유엔 시스템에서 인공지능의 윤리적 사용을 위한 원칙을 승인했다. 이 원칙은 유네스코와 유엔 사무국 정보통신기술 사무국(Office of Information and Communications Technology , OICT)이 공동으로 주도한 HLCP 인공지능 관련 기관 간 실무그룹에서 개발된 것으로, 2021년 11월 제41차 유네스코 총회에서 채택한 "인공지능 윤리 권고안"을 기반으로 한다. 윤리와 인권을 중심으로 하는 이 10가지 원칙은 유엔 시스템 기관 전반이 AI 시스템 수명 주기의 모든 단계에서 AI 사용을 안내하는 것을 목표로 하는바, 해를 끼치지 않는다(do no harm), 정의된 목적(defined purpose), 필요성 및 비례성(necessity and proportionality), 안전 및 보안(safety and security), 공정성 및 차별 금지(fairness and non-discrimination), 지속 가능성(sustainability), 개인 정보 보호(right to privacy), 데이터 보호 및 데이터 거버넌스에 대한 권리(data protection and data governance), 인간의 자율성 및 감독(human autonomy and oversight), 투명성 및 설명 가능성(transparency and explainability), 책임 및 책임성 또는 책무성(responsibility and accountability), 포용 및 참여(inclusion and participation) 등이 포함되었다.

주요국 AI 윤리 원칙 간의 관계

위에서 살펴본 여러 나라들의 윤리 기준에서 공통적으로 발견되는 핵심적인 가치들 중 중요한 몇 가지를 살펴보고자 한다(박휴용, 2022).

먼저 '다양성과 공정성'이라는 원칙에 대하여 살펴보면, '다양성'이란 AI의 설계 수준에서 편향성을 제거하는 의미로 AI 알고리즘의 투입(Input) 영역에 대한 관리 항목을 의미하고, '공정성'은 AI의 결과에 대한 차별 금지 및 접근성 확보와 혜택을 고르게 분배하는 의미로 이해하고 있다(유지연 · 정나영, 2024).

다음으로 '투명성과 설명 가능성'은 주로 AI 전반에 대해 이용자에게 의사 결정의 이유를 공개해야 한다는 의미로서 AI 시스템 활용을 통해 도출된 결과에 관한 항목으로, 결정 근거에 대해 가능한 한 모두가 이해할 수 있는 수준으로 설명할 수 있어야 한다는 의미다. 특히 '설명 가능성(또는 설명 요구권, right to explanation)'은 AI 설계 과정 및 알고리즘, 동작 원리에 대하여 설명하는 것으로 설정하였다. 이때 추가적으로 AI 시스템의 활용 여부에 대한 고지(통지)도 포함한다(임형주, 2023).

나아가 '프라이버시와 데이터 관리 및 보안'의 경우 개인정보와 일반 학습 데이터를 구분하여 그 처리 및 보호, 관리로 구분하며, 개인정보에 대해서는 더욱 엄격한 보호 지침 및 관련 규정에 대한 준수 여부도 포함하고 있다.

끝으로 최근 딥시크 사태를 통해서, 단지 '데이터 보안'을 넘어 미국과 EU가 인권과 민주주의 가치를 토대로 중국에 맞서는 대서양 협력을 통해 이른바 '인공지능 거버넌스'가 구축될 것인가 하는 문제도 깊이 고민해 보아야 할 시점이 되었다고 판단된다(박재형, 2022).

참고문헌

박재형(2022). 《AI는 중립적인가?》. 지성사.

박혜성 외(2021). "인공지능 규제에 관한 연구–유럽연합의 입법안을 중심으로". 《공법연구》, 49(3).

박휴용(2022). "인공지능 윤리의 주요 쟁점과 필수 고려사항". 《열린교육연구》, 30(6).

손영화(2021). "EU AI 규칙안에 대한 일고찰". 《IP & Data 法》, 1(2).

유재흥(2019). "일본의 인공지능 전략동향: AI 전략 2019". 《월간 SW 중심사회》, 60.

유지연 · 정나영(2024). "인공지능(AI) 윤리원칙을 중심으로 한 규제 내용 분석 · 비교". 《IT와 법연구》, 28.

이상직(2022). 《나는 인공지능을 변호한다》. 이다북스.

임형주(2023). “AI 관련 법제도의 주요논의현황”. 《TTA 저널》, 207, 2~23쪽.
AI戦略実行会議(2019). *人間中心のAI社会原則,社会原則.*
河島茂生(2019). “AI社会における「人間中心」なるものの位置づけ”. *情報システム学会誌*, 14(2).
古川直裕 외(2021). *Q&A AIの法務と倫理*. 中央経済社.
総務省(2017). *AIネットワーク社会推進会議, 国際的な議論のためのAI開発ガイドライン.*
総務省 AIネットワーク社会推進会議(2019). *AI利活用ガイドライン.*
中川裕志(2020). “AI 倫理指針の動向とパーソナル AI エージェント”. *情報通信政策研究*, 3(2).
人工知能学会(2017). *人工知能学会 倫理指針.*
福岡真之介・松下外(2023). *生成AIの法的リスクと対策*. 日経BP.

09
보장 규범을 위한 국내의 노력

우리나라는 2018년부터 관련 전문가들과 학자 위주로 '지능정보사회 윤리가이드라인(Seoul Pact)'이라는 AI 윤리 기준을 만들기 위한 시도가 이루어졌고, 2020년경에 국가적인 차원의 윤리 기준인 '국가인공지능윤리기준'이 마련되었다. 정부가 AI 윤리 기준을 만들면서 '인간성'이라는 키워드를 염두에 둔 것은 '윤리 기준' 및 향후 '입법'에서도 '인간의 존엄'이라는 인권적 가치를 가장 중심에 두고자 함으로 이해된다.

AI와 화장품?

AI 관련 '윤리 기준'

과기정통부는 2020년 4월부터 AI 윤리연구반을 구성하여 국내외 주요 AI 윤리 원칙을 분석하고, 윤리 철학의 이론적 논의와 연계하여 '인간성을 위한 AI(AI for Humanity)'를 목표로 하는 윤리 기준 "지능정보사회 윤리가이드라인" 초안을 마련하여 4대 원칙(공공성, 책무성, 통제성, 투명성)을 천명하였다.

2020년 12월 대통령 직속 4차 산업혁명위원회 전체회의에서는 "사람이 중심이 되는 AI 윤리 기준"을 발표하였다. 윤리 기준은 정부 · 공공기관, 기업, 이용자 등 모든 사회구성원이 AI 개발 · 활용 전 단계에서 함께 지켜야 할 3대 기본원칙(인간 존엄성 원칙, 사회 공공선 원칙, 기술의 합목적성 원칙)과 10대 핵심요건(① 인권보장, ② 프라이버시 보호, ③ 다양성 존중, ④ 침해 금지, ⑤ 공공성, ⑥ 연대성, ⑦ 데이터 관리, ⑧ 책임성, ⑨ 안전성, ⑩ 투명성)으로 구성된다. 이를 통해 정부 · 공공기관, 기업, 이용자 등 모든 사회 구성원이 AI 개발 · 활용 전 단계에서 함께 지켜야 할 주요 원칙과 핵심 요건을 제시하였다.

이후 국토교통부에서는 "자율주행차 윤리 가이드라인"(2020)을, 개인정보 보호위원회에서는 "AI 개인정보 보호자율점검표”(2021)를, 방송통신위원회에서는 “AI 기반 미디어 추천 서비스 이용자 보호 기본원칙”(2021)을 각각 발표하는 등 부처별로 AI 윤리 원칙을 마련하고, 실효성 확보를 위한 구체적인 실천 방안을 모색하고 있다.

한편 교육부는 '사람의 성장을 지원하는 인공지능'이라는 대원칙을 정하고, '학습자의 주도성 강화, 교수자의 전문성 존중, 기술의 합목적성 제고' 등의 3대 기본 원칙 하에 '① 인간 성장의 잠재가능성 도출, ② 모든 학습자의 주도성과 다양성 보장, ③ 교육 당사자 간의 공고한 관계 유지, ④ 교육 기회 균등의 실현을 통한 공정성 보장, ⑤ 교육 공동체의 연대와 협력 강화, ⑥ 사회 공공성 증진 기여, ⑦ 모든 교육 당사자의 안전 보장, ⑧ 데이터 처리 투명성 보장 및 설명 가능성, ⑨ 데이터의 합목적적 활용 및 교육 당사자의 프라이버시 보호 등 9개 세부원칙을 제시하였다(김명주, 2022).

나아가 2022년 4월 국가인권위원회 결정에 의하여 공표된 “AI 개발과 활용에 관한 인권 가이드라인”을 소개하면 다음과 같다.

첫째, 인간의 존엄성과 관련하여 「대한민국 헌법」 제10조에서 보장하고 있는 인간의 존엄과 가치는 누구나 누려야 할 불가침의 기본적 인권으로, 어떠한 활동도 인간의 존엄에서 유래하는 다양한 권리의 희생을 강요해서는 안 되며, 모든 활동은 인간의 존엄과 가치를 향상시키는 방향으로 수행되어야 한다.

둘째, 투명성과 설명 의무와 관련하여, AI 기술을 활용한 판단 과정과 그 결과에 대해 적절하고 합리적인 설명이 보장되어야 한다.

셋째, 자기결정권의 보장과 관련하여, 개인정보 자기결정권은 정보 주체의 자기정보에 대한 통제력을 보장하기 위한 것이고, 가장 중요한 정보 주체의 동의는 단순한 외형적 의사 표시만이 아니라 정보 주체가 개인정보 처리에 대한 제반 상황을 충분히 설명을 받고 자유의사에 따라 결정하는 것을 의미한다.

넷째, 차별 금지와 관련하여, AI를 개발하고 활용할 때는 AI로 인해 영향을 받는 사람의 다양성과 대표성을 반영하기 위해 노력해야 하고, 성별, 종교, 장애, 나이, 출신 지역, 신체 조건, 피부색, 성적 지향, 사회적 신분 등 개인과 집단의 특성에 따라 편향적이고 차별적인 결과가 나오지 않아야 한다.

다섯째, AI 인권 영향 평가 시행과 관련하여 국가는 AI의 개발과 활용에서 인권 침해와 차별의 가능성 및 정도,

영향을 받은 당사자의 수, 사용된 데이터의 양 등을 고려하여 인권 영향 평가를 실시해야 한다.

여섯째, 위험도 등급 및 관련 법·제도 마련과 관련하여서는, 국가는 공공기관과 민간이 개발하고 활용하는 AI가 인권과 책임성을 보장할 수 있도록 관련 법률과 감독 체계를 보완해야 하며, 구체적인 지침과 정책을 마련해야 한다는 점을 분명히 했다.

AI 관련 '법률'

한편 위와 같은 윤리 기준 제정 및 다양한 논의와 더불어 입법안도 다수 제출되고 논의되었다.

2020년 6월 「국가정보화 기본법」을 「지능정보화 기본법」으로 전면 개정하여 세계를 선도할 AI 생태계 구축의 법적 기반을 마련하였다.

그 무렵 국회에 발의된 주요 법안으로는 「AI 산업 육성 및 신뢰확보에 관한 법률안」(안철수 의원 대표 발의, 2024)(주요 내용: 고위험영역 AI에 대한 확인 제도, 생성형 AI 이용 제품, 서비스 제공자의 사전 고지 및 표시 의무 도입 등), 「AI 발전과 신뢰기반 조성 등에 관한 법률안」(정점식 의원 대표 발의, 2024)(주요 내용: AI 윤리 원칙 제정, 공표, 실천 방안 수립, AI 자율 검증, 인증 활동

지원 사업 추진, 고위험영역 AI 제품 또는 서비스 제공 시 사전 고지 의무화, 고위험영역 AI 해당 여부 확인 요청 가능, 고위험영역 AI 관련 사업자가 AI의 신뢰성과 안전성을 확보하기 위한 조치, 생성형 AI 사업자의 사전 고지 및 표시 의무, 일정 성능 이상 생성형 AI의 경우 안전 확보 조치 이행 의무 부과 등), 「AI 산업 육성 및 신뢰 확보에 관한 법률안」(김성원 의원 대표 발의, 2024)(주요 내용: 매 3년마다 AI 기본계획 수립 시행, 과학기술정보통신부장관에게 고위험영역에서 활용되는 AI 여부 확인 요청, 고위험영역 활용 AI 제품, 서비스 제공자로 하여금 이용자에게 AI 운용 사실 사전 고지 의무 등), 「AI 산업 육성 및 신뢰 확보에 관한 법률안」(조연철 의원 대표 발의, 2024)(주요 내용: 고위험영역에서 활용되는 AI 여부 확인 요청, 고위험영역 AI 사전 고지 및 표시 의무, 고위험영역 AI 사업자의 신뢰성 및 안전성 확보 조치 의무, AI 제품 비상정지 적용 의무 등), 「AI 기술 기본법안」(안형배 의원 대표 발의, 2024) (주요 내용: AI 윤리 원칙 제정 공포, 고위험영역 AI 사전 고지 및 표시 의무, 과학기술정보통신부 장관의 고위험영역에서 활용되는 AI 여부 확인 요청, 고위험영역 AI 사업자의 신뢰성 및 안전성 확보 조치 의무, 생성형 AI 고지 및 표시 등), 「AI 개발 및 이용에 관한 법률안」(권칠승 의원 대표 발의, 2024)(주요 내용: AI 윤리 원칙 확립, 금지된 AI에 대하여 원칙적 개발과 이용 금지, 의무 위반 시 처벌 규정 마련 등)이 국회에 계류 중이다(2024. 9. 현재).

참고로 개인정보 보호와 관련해서는 2024년 3월 시행된 「개인정보 보호법」에서 AI 등 완전히 자동화된 시스템으로 개인정보를 처리하여 이루어지는 결정(이하 '자동화된 결정')에 대한 규정을 담고 있는데, 개인정보위의 공공기관에 대한 개인정보 보호 수준 평가(제11조의2), 자동화된 결정에 대한 정보 주체의 권리(제37조의2), 개인정보 처리자의 손해배상 보장(제39조의7) 등의 내용을 담고 있다.

위와 같은 다양한 분야, 각종 영역에 대한 AI 관련법의 제 · 개정 논의가 급물살을 타게 되어 드디어 2024년 12월 「인공지능기본법」이 국회 본회의의 의결을 거쳐 2026년부터 시행을 앞두고 있다.

AI 윤리 기준 및 법률에 대한 '인권적 관점'에서의 제언

주요국 AI 윤리 원칙과 국내 대표적인 AI 윤리 원칙인 "AI 윤리 기준"을 비교해 보면서 인권 보장 및 증진 차원에서의 몇 가지 보완 사항을 고려해 볼 수 있다.

첫째, '포괄적'인 관점에서 바라보면 우선 "AI 윤리 기준"에서 제시하는 '다양성 존중' 원칙에 인권 보호 차원에서의 사회적 약자 및 취약계층의 접근성을 보장하는 내용의 '추가'를 검토해 볼 수 있다. 나아가 윤리 기준 중 중요하게 다뤄지는 '설명 가능성'의 의미도, 이를 AI 전반에 대해 이용자에게 공개하는 의미로 사용된다고 볼 경우는 AI 활용 내용과 활용 과정에서 발생할 수 있는 위험 등을 사전에 고지해야 한다. 한편 AI의 설계 과정 및 알고리즘, 동작 원리, 데이터 설정 및 훈련 과정 등을 설명하는 수준으로 할 경우, '지적장애인 및 발달장애인'에게는 상당 부분이 원초적으로 전달될 수 없는 정보들이 될 가능성이 높다. 따라서 인권 보호 차원에서 '설명 가능성'의 '수준'을 '다양화'할 필요가 있을 것이다.

둘째, '구체적'인 관점으로 접근해 보면 '책임성'과 관련하여 국내외의 다양한 윤리 기준이나 법률안에서는 '이용자에게 손해가 발생할 경우 손해를 발생케한 주체에게 책임이 있다'는 내용을 담고 있으나, 이러한 전통적인 '과실 책임'의 일반 원칙으로 규정될 것이 아니라 인권 보호 차원에서 이용자의 다양성을 고려한 책임 범위를 규정할 필요가 있다. 다시 말하면 공급자 측면에서의 기준 정립이 아니라 수요자 측면을 고려한 책임 원칙이 수립되어야 더욱 인권 친화적인 기준 설정이 될 것으로 판단된다. '프라이버시 보호'와 관련하여서도, 기관이 '개인정보 보호 강화 기술(PET)'을 포함, 사용 가능한 정책 및 기술 도구를 사용하여 개인정보를 보호하고 부적절한 데이터 수집 및 사용의 위험으로부터 대처해야 함을 강조하고 있다. 이와 관련하여 유엔 인권최고대표는 2021년 "디지털 시대 프라이버시 권 보고서"에서 "AI 시스템의 설계, 개발, 배치, 판매, 구입, 운영의 수명 주기 전반에 걸쳐 체계적으로 인권 실사(Due Diligence)를 수행"할 것을 권고하면서, 인권 실사의 핵심 요소로 '인권 영향 평가'를 강조하였다. 국가인권위원회도 2024년 5월 과학기술정보통신부장관에게 AI의 개발과 활용으로 인한 인권 침해 및 차별이 발생하지 않도록 관련 정책 · 사업계획의 수립 · 이행 시에 'AI 인권 영향 평가 도구'를 활용하고, 인권 영향 평가가 법제화되기 전까지 공공기관이 직접 개발하거나 활용하는 모든 AI와 민간 부문의 고위험 AI에 대한 자율적 인권 영향 평가가 수행될 수 있도록 위 평가 도구를 보급할 필요가 있다는 의견을 표명한 바 있다. 또한 '(기술적) 안전성'과 관련하여 '안전성'과 '신뢰성'이라는 요소를 고려해야 하는바, 이는 궁극적으로 국민의 인간다운 삶의 제고를 위해 국내에 발의 중인 법안들이 공통적으로 안전성과 신뢰성이라는 단어를 함께 사용하고 있으며, 규제에는 AI가 인간에 대한 안전성과 신뢰성을 제고하여 국민의 삶을 향상시키는 방법으로 발전되어야 한다는 기본 원칙이 반영되어 있다. 한편 AI 시스템의 안전성 및 신뢰성 확보를 위해서는 안전 및 인증 기술의 개발 및 확산, 표준화 추진이 필요하다는 데 대해서는 다소 '막연하게' 언급하고 있다. 그러나 미국에서는 안전하고 신뢰할 수 있는 AI 시스템을 개발 및 배치하기 위해서 미국 표준기술연구소(NIST)의 국장, 에너지부 장관 등이 업계의 지침 및 모범사례를 수립해야 하며, AI 개발자가 AI '레드팀(red team)' 테스트를 수행하기 위한 가이드라인을 수립해야 한다는 '구체적인' 내용을 담고 있어, 이에 대한 고려가 필요하다.

2024년 3월 법무부가 제4차 국가인권정책 기본계획을 발표하면서 AI 시대에 부합하는 '디지털 정보 접근권'을 보장하는 한편, '개인정보 보호'를 강화하고 '디지털을 활용한 인권 침해에 대한 국가적 대응'을 강화할 것을 천명한 것은 시의적절한 대응이라 판단된다.

참고문헌

고학수 외(2022). 《인공지능 시대의 개인정보 보호법》. 박영사.

국가인권위원회(2022). 《인공지능 개발과 활용에 관한 인권 가이드라인》. 국가인권위원회.

유지연 · 정나영(2024). "인공지능(AI) 윤리원칙을 중심으로 한 규제 내용 분석 · 비교". 《IT와 법연구》.

10
인권 시대의 AI

인권 운동가와 단체들의 노력에 힘입어 '인권 시대'가 다가왔다고는 하지만 여전히 인권은 사회 곳곳에서 발전하지 못하고 오히려 퇴보하고 있기도 하다. 더구나 AI의 등장은 인권의 영역에서는 새로운 기회와 도전으로 다가오고 있다. 인권의 들판에 불어닥치는 AI의 열풍이 우리를 어디로 이끌고 갈 것인지 아직 분명하진 않지만, 이 모든 광풍이 잦아들면 새로운 땅이 보일 것이다. 그곳에서 우린 늘 그랬듯이 인권의 새로운 씨앗을 뿌려야 할 것이다.

종교와 AI?

인권 시대의 도래

현재 세계를 정의하는 다양한 키워드 중 하나는 인권이다. 화려해 보이는 '인권 시대'는 새로운 그림자를 드리우는 경우가 많다. 미국 예일 대 교수 새뮤얼 모인(Samuel Moyn)은 《불평등한 세계에서 인권이란(Human Rights in an Unequal World)》이라는 책에서, 인권운동이 물질적 불평등의 급속한 확산에는 애써 눈감으면서 여성과 소수자 혹은 세대를 둘러싼 '지위의 불평등(status inequality)' 문제에 집중했고, 그 결과 '지위의 차별(status discrimination)'은 오히려 심화됐다는 지적을 한 바 있다. 지위를 둘러싼 불평등은 감소하는데 지위들 사이의 차별은 강화되는 현상은 "시장 자체에 사회적 제약을 가하는 결과의 평등(equality of outcomes)을 시도하기보다, 시장 안에서 기회의 평등(equality of opportunity)"을 추구한 인권운동의 자연스러운 귀결일지도 모른다고 주장했다.

따라서 AI의 등장은 인권 시대의 왜곡에 새로운 굴곡을 더할 수도 있다. 하지만 이러한 도전에 어떻게 응전하는가에 따라 인권이라는 배는 AI라는 파도를 넘어 좀 더 빨리 목적지에 도착할 수도 있을 것이다.

따라서 우리는 더욱 넓은 시각으로 '인권을 넘어선 인

권'의 시각으로 글로벌 지구 전체를, 아니면 최소한 우리 공동체를 다시 조명해 볼 필요가 있다.

인권 증진을 위한 AI 사용의 가능성

첫째, 적극적인 측면에서 정보와 기회를 포함한 세계에 대한 접근성의 확대이다. AI는 특히 장애인으로 하여금 모든 정보와 기회에 대한 접근성을 향상하고 강화할 것이다. 다양한 사회적 약자와 소수자들로 하여금 AI를 통한 의사소통을 가능하게 하여 당사자들과 세계와의 간격을 현격하게 좁히게 될 것이다.

둘째, 소극적인 측면에서 인권 침해를 방지하거나 감소시킬 것이다. 다른 말로 AI는 인권 침해 사례를 해결하는 해결사로 등장할 수도 있다. 전 세계적인 인권 침해 상황을 탐지하고 더욱 빠르고 더욱 포괄적으로 인권 침해 사태를 규명하며 해결책을 제시하게 될 것이다. 예를 들어 AI로 움직이는 얼굴 사진을 인식하는 기술을 이용해 실종자를 찾고 다른 인권 침해 사례도 분석할 수 있다.

셋째, 제도적인 측면에서 인권 조약에 따른 AI 시스템 훈련은 AI 시스템을 법적 문서, 사법 결정, 법률 이론 및 실무에 '노출'하는 형태를 취하여 AI에게 인권의 중요성,

보호 및 구현을 가르칠 수 있다. 이를 위해서는 한편으로는 인권에 맞춰, 다른 한편으로는 다양한 상황에서 인권 구현의 다양한 시나리오에 맞춰 조정된 방대한 빅데이터 컬렉션이 필요할 것이다. 이를 통해 AI 시스템은 예측할 수 없는 환경에 적응하는 방법을 '학습'할 것이며, 우호성을 강화함으로써 AI가 생명권, 자유, 안전, 고문 금지, 법 앞에서의 평등한 대우, 차별 금지 등 인권을 실현할 수 있을 것이라는 생각이다(Tzimas, 2020, p.550).

제언

AI 시대에 필요한 AI 기술을 놓고 인권적 관점에서의 우리의 대응에 대하여, 케이트 존스(Kate Jones, 2023)가 각 인권 관련 주체들에게 제안하는 내용을 들어 볼 필요가 있다.

첫째, 기업의 경우 기존 인권 프레임워크에서의 중요한 역할을 인정하면서 AI 윤리와 책임 있는 비즈니스 의제를 계속해서 장려하고, 조직의 최고위층에서부터 기업가, 소비자로서의 국민들에 대한 인권 기준의 준수를 도모하도록 노력하는 것이 필요하다. 나아가 기업의 리더들은 구성원들에게 인권이 혁신에 대한 제약이 아니라 오히려 유용한 도구로 인식되도록 기업 사고방식의 변화를 꾀하는 것이 필요하다. 이를 위해 기업 내 AI 윤리 팀에 합류할 인권 전문 지식을 갖춘 인력을 확충하고, 학문 간 학제적 사고의 장려 및 인권에 대한 인식을 조직 전반에 확산시키는 노력을 병행해야 한다. 인권 실사를 수행하고 AI 윤리 및 영향 평가에 인권 기반 접근 방식을 채택하도록 유도하며, AI 기술로 인한 인권 위험을 지속적으로 모니터링하고 표시하며 조치를 취할 수 있는 의사결정 구조를 만들어 가도록 노력해야 한다. AI 사용이 '설명 가능'하고 '투명'하도록 보장하여 영향을 받는 사람들이 AI 또는 AI 지원 결정이 어떻게 이루어졌는지, 또는 이루어질 것인지 알 수 있도록 해야 할 것이다. 그리고 개인이 AI가 내리거나 통보한 결정의 결과에 만족하지 못하는 경우에도 구제책을 찾을 수 있는 메커니즘을 구축해야 할 것이다.

둘째, 정부의 경우 향후 AI 시대의 도래와 확산을 염두에 두고 전담 부처를 설립(예를 들어 2021년 영국의 AI 청 설립)하거나, 기존 메커니즘을 통할 경우에는 정부 관료들과 구성원들 사이에서 인권에 대한 적절한 이해를 보장하고 인권을 AI 규제 및 정책의 중심에 두도록 유도하는 것이 필요하다(예를 들어 2023년 시범 개발 후 2025년 개시 목표인 정부 전용 생성형 AI 시범 서비스).

또한 정부의 시스템 및 서비스 조달에 관여하는 팀에 AI 및 인권에 대한 전문 지식을 제공하고, 기업 간 인권 기준 준수를 높이기 위해 계약 정책 및 조달 조건을 활용해야 할 것이다. 나아가 인권 옹호자를 포함한 모든 이해관계자가 참여하는 AI 거버넌스에 대한 국내외 토론 포럼(예를 들어 2024년 5월 외교부와 과기정통부의 'AI 서울 정상회의' 및 'AI 글로벌 포럼')을 구축하여 다른 사람의 관점에서 더 나은 이해와 상호 이익을 조성하도록 노력하는 것이 필요하다. 기술 표준 기관, AI 보증 메커니즘, 알고리즘 영향 평가 및 감사 프로세스 개발자가 AI 거버넌스 표준을 개발하고, 모니터링할 때도 인권을 적절히 고려하는 체계 구축을 보장한다. 공공 부문과 민간 부문 모두에게 배포한 AI가 인권 기준을 충족하도록 보장하기 위해 교차 규제를 고려하고, 위반 혐의에 대하여는 적절한 구제책을 마련하도록 한다. 국가가 주도적으로 AI 기술의 확산으로 인한 개인의 자유 보호와 인권의 중요성에 관한 홍보와 교육이 필요하다는 점도 지적한다. 어린 아이, 청소년들이 AI를 통해 학습을 하는 과정에서 인권에 대한 더욱 깊은 이해를 할 수 있도록 학교와 교사에게 지도를 제공하는 것도 필요하다는 입장이다. AI 거버넌스에서 인권의 역할을 옹호하기 위해, 예를 들어 국가

인권위원회가 제시한 "AI 개발과 활용에 관한 인권 가이드라인"과 같은 기준의 적용과 확산을 도모하는 것이 필요하다. 글로벌 스탠다드에 대한 인식을 제고하여 유엔의 SDGs 이행에 기여하는 AI 개발을 장려하고, 국제인권법이 AI의 개발 및 구현에 미치는 영향에 대한 이해를 조화시키기 위해(예: 연성법 및 지침 사용을 통해) 다른 정부 및 국제기구와 협력하도록 노력할 필요가 있다.

셋째, 시민 사회 및 학계의 경우 소프트웨어 개발 커뮤니티 및 기업 공공 정책 팀과의 연결을 강화하는 등 AI 거버넌스 대화에 시민단체와 인권단체, 그리고 관련 전문가들과 활동가들이 참여할 수 있도록 노력할 필요가 있다. 일부 언론과 여론에서는 '인권'이라는 주제가 기술 혁신을 가로막고 사회 변화에 효율적으로 대응하는 것을 저해한다는 인식이 있을 수 있으므로, 인권은 급진적이지 않고 합리적이라는 점을 비즈니스 리더, 투자자, 정부 등 사회 내 다양한 이해 당사자들에게 설명하고 이를 공유할 필요가 있다고 판단된다. '인권'은 결코 혁신을 방해하는 장애물이 아니고, 오히려 '공평'한 경쟁의 장을 마련한다는 점을 알릴 필요가 있다. 기존의 인권 실사 및 구제 프로세스를 참조하여 AI 기술 시대에 부합하는 규제 시스템을 탄력적으로 제시함으로써 인권의 긍정적인 역할을 입증하는 것이 도움이 될 것이다. 각 대학에서는 AI학과를 개설하고 운영 중에 있는바, 단순하게 한 학과나 한 연구기관에 국한되지 않고 학제 간 참여를 장려하며 기술 중심 연구에서 인권에 대한 인식을 제고할 필요가 있다. 그리고 시민사회의 법률 전문가 그룹을 통해 필요한 전략적 소송을 제기하여 AI가 인권에 미치는 영향을 테스트하는 것도 고려해 볼 수 있다.

마무리

앞선 논의들이 AI의 시대에서 벌어지고 있고 발생할 가능성이 있는 다양한 사회 문제들을 인권의 관점에서 바라보았다면, 이제는 본격적으로 각 사회 분야에 도래한 인권의 시각으로 AI 기술의 변화된 움직임을 바라보아야 할 때가 되었다. 모든 사회적 문제에 대한 대응에서와 마찬가지로, AI 윤리도 인지-원칙-실천의 과정을 거치게 될 것이다(日本IBM AI倫理チーム, 2023).

AI는 앞으로도 꾸준하게 비약적으로 자신의 지위를 객체에서 주체로 변화시켜 나갈 가능성이 높아지고 있다. 대표적인 문제가 AI의 '법률상 지위', '법인격(legal personhood)'의 문제다(조재현 · 김용의, 2021; 岡本義則, 2023).

이러한 급변하는 상황에 대하여 적대적이지도 않고, 그렇다고 너무 순종적이지도 않은 중용(中庸)의 눈빛으로 AI를 바라볼 수 있는 지혜가 필요한 때가 되었다. 그리고 한 걸음 더 나아가 AI가 현재까지 다양한 자료를 통해 지식을 습득하는 과정에서 제대로 훈육 받지 못한 '인권 감수성'을 또 다른 방대한 인권 자료들을 통해 습득하게 해야 할 시점이 되었다. AI가 윤리적이고도 인권적이면서 준법적인 주체가 되도록 훈련시켜야 할 책임이 우리에게 부여된 것이다.

선진 각국들은 최근 AI 개발 경쟁에서 뒤쳐질까봐 전전긍긍하며 경쟁국의 개발 상황에 주목하고 있다. 하지만 다른 한편 AI 윤리 기준의 국제적 협력과 새로운 기준 정립을 위한 전문가 양성에는 아무래도 관심이 적을 수밖에 없다. 2023년 7월 유엔 인권이사회에서는 "신기술과 인권" 결의안을 채택했는데, 이 결의안은 2019년 유엔 인권이사회에서 처음 채택된 같은 명칭의 결의안에 2021년에 이어 2차례 내용을 보강한 것이다. 3차례에 걸쳐 결의안을 작성하고 논의를 가다듬는 데 한국이 주도적 역할을 수행했다고 한다. 'AI 시대의 인권 원칙'을 천명한 결의안을 통해 향후 AI 기술 시대에도 여전히 인권침해와 차별의 문제는 시급히 해결해야 할 과제임을 다시 한 번 재확인했다. 결의안에서 제시한 AI 기술에 대한 인권 기반 접근 등의 대원칙을 공표함으로써 우리나라가 다소 AI 기술에서는 후발주자라 하더라도 AI 인권 규범의 시대에는 선두주자가 되길 간절히 바라본다.

철학자 아리스토텔레스가 제시한 행복(Eudaimonia)은 인간의 행복을 사회의 최고 미덕으로 정의하는 실천적 덕목이다. 이는 AI가 가져다주는 번영 역시 깊은 윤리적 숙고를 전제로 하지 않으면 행복이 될 수 없다는 것을 이미 수 세기 전에 우리를 향해 예언한 것이라 할 것이다.

참고문헌

김명주(2022). 《AI는 양심이 없다》. 헤이북스.

조재현 · 김용의(2021). "인공지능의 기본권 주체성에 관한 연구". 《유럽헌법연구》, 35.

岡本義則(n.d.). "汎用人工知能のアラインメントと人権(AI権)". *人工知能学会第二種研究会資料 汎用人工知能研究会*, SIG-AGI-024-04.

日本IBM AI倫理チーム(2023). *AIリスク教本攻めのディフェンスで危機回避&ビジネス加速*. 日経BP.

Jones, K.(2023). *AI governance and human rights resetting the relationship*. Research Paper, International Law Programme, p.11.

Tzimas, T.(2020). Artificial intelligence and human rights: Their role in the evolution of AI. *ZaoRV, 80.*

송시섭

동아대학교 법학전문대학원 교수다. 고려대학교에서 법학 학사를 취득하고, 미국 시카고 노스웨스턴 로스쿨에서 석사 학위를 취득했다. 1996년 사법시험 합격 후 서울과 부산에서 변호사로 활동하다 국내 로스쿨 제도 도입 시점인 2007년 가을 로스쿨 교수가 되었다. 대학원 때 형사법을 전공한 것이 인연이 되어 로스쿨에서 형사법, 특히 형사소송법을 강의하고 있고, 형사 실무와 법조 윤리 과목으로 최우수강의상을 수상했다. 대통령 직속 지방균형발전위원회 위원, 법제처 법령해석심의위원회 위원 등을 역임했고, 대법원, 법무부, 검찰청의 다양한 위원회 위원과 법조 윤리 시험 및 변호사 시험 출제위원을 지냈다. 2008년 장애인차별금지법 제정에 초기부터 관여하면서 장애인 인권에 눈을 뜨게 되었고, 다양한 인권 영역으로 관심을 넓혀 열린네트워크 이사, 부산광역시 인권보장및증진위원회 위원과 부산시 인권센터 자문위원을 거쳐 부산시사회복지협의회 이사와 사회복지법인 '공감'의 감사이자 부산의 인권 활동가들을 후원하는 플랫폼 '파랑'의 이사로 활동하고 있다. 기독교 문화 창달을 위해 21세기포럼 이사와 감사를 맡고 있다. 형사법 논문 "형사법상 장애인의 지위: 장애인차별금지법의 관점에서", "뇌과학에 기초한 형벌이론의 가능성" 등이 있고, 법조 윤리 논문 "인터넷상의 변호사윤리: 변호사소개서비스를 중심으로", 기독교법 사상 논문 "개신교자연법사상의 가능성" 등 30여 편의 논문을 국내 학술지에 게재했다.